Der Sachsenspiegel, im ersten Drittel des 13. Jahrhunderts entstanden, ist kein Gesetzbuch, sondern eine Privatarbeit, das erste große Prosawerk in mittelniederdeutscher Sprache und das bedeutendste der deutschen Rechtsbücher des Mittelalters. Er ist eine sprachschöpferische Leistung von hohem Rang, mit der sein Verfasser, Eike von Repgow (Reppichau bei Dessau), eine ungewöhnliche Wirkung erzielte. Das Rechtsbuch fand eine weite Verbreitung, wurde in mehrere Sprachen übersetzt und begründete die deutsche Rechtsbücherliteratur. Seine Autorität war so groß, daß man es lange für ein Gesetzbuch Karls des Großen gehalten hat . . .

Der edelfreie anhaltische Ritter nannte sich nach dem Dorfe Reppichau in der Nähe von Dessau. Er ist dort zwischen 1180 und 1190 geboren. Er schrieb den *Sachsenspiegel* zunächst in lateinischer Sprache und übersetzte ihn dann auf Veranlassung seines Lehnsherren, des Grafen Hoyer von Falkenstein, ins Niederdeutsche. Das Rechtsbuch fand eine weite Verbreitung und wurde in mehrere Sprachen übersetzt.

Die Heidelberger Bilderhandschrift, der Codex Palatinus Germanicus (Cpg) 164 der Universitätsbibliothek Heidelberg, gilt als älteste der erhaltenen Bilderhandschriften. Sie entstand um 1330.

Der Herausgeber, Dr. Walter Koschorreck, ist Direktor der Universitätsbibliothek in Heidelberg.

insel taschenbuch 218
Der Sachsenspiegel

DER SACHSENSPIEGEL IN BILDERN

Aus der Heidelberger Bilderhandschrift
ausgewählt und erläutert von
Walter Koschorreck
Insel Verlag

insel taschenbuch 218
Erste Auflage 1976
Erstausgabe
Alle Rechte vorbehalten
© Insel Verlag Frankfurt am Main 1976
Vertrieb durch den Suhrkamp Taschenbuch Verlag
Umschlag nach Entwürfen von Willy Fleckhaus
Satz: Libri-Satz, Kriftel/Ts.
Druck: Konkordia GmbH, Bühl/Baden
Printed in Germany

VORWORT

Im Jahre 1934 erschien in der »Insel-Bücherei« ein Bänd-
chen mit 102 Bildern aus der Heidelberger Bilderhandschrift des Sachsenspiegels (Codex Palatinus Germanicus
164 der Universitätsbibliothek Heidelberg). Die Einleitung sowie die Auswahl, Anordnung und Erläuterung der
Bilder waren das Werk des Heidelberger Rechtshistori-
kers Eberhard Freiherrn von Kuenßberg. Dem Büchlein
wurde viel Interesse entgegengebracht. Es ist längst ver-
griffen. Das Erscheinen der Vollfaksimileausgabe der
Handschrift, die der Insel Verlag 1970 herausbrachte, be-
lebte jenes Interesse von neuem. Es wurde der Wunsch
nach einer wohlfeilen Ausgabe nach Art des von Kuenß-
bergschen Werkchens laut, dessen Befriedigung das
vorliegende insel taschenbuch dienen soll.
Die Bilder sind abweichend vom Original etwa nach fol-
genden Gesichtspunkten angeordnet, ohne daß eine
strenge Systematik angestrebt wurde:
  Kaiser, Reich, Lehnweisen (Nrn 1-2)
  Friedensordnung (Nrn 23-35)
  Strafrecht, Strafverfahren (Nrn 36-61)
  Gerichtsverfassung, Gerichtsverfahren (Nrn 62-78)
  Ständische Gliederung (Nrn 79-96)
  Personenrecht, Familienrecht (Nrn 97-102)
  Erbrecht (Nrn 103-108)
  Schuldrecht (Nrn 109-114)
  Sachenrecht (Nrn 115-119)
  Rechtsordnung des bäuerlichen Lebens (Nrn 120-138).
Die erste Bildtafel soll lediglich den Eindruck einer ganzen
Seite der Bilderhandschrift vermitteln. Sie ist im gesamten
Erläuterungstext nicht berücksichtigt.
Wörtliche Zitate aus dem Landrecht folgen, soweit sie
nicht dem Text der Heidelberger Handschrift entnommen
werden konnten, der Ausgabe von Schwerin-Thieme

(Reclams Universalbibliothek Nr 3344/56). Die Bilder und ihre Erläuterungen sind ausschließlich an den Text der Heidelberger Handschrift gebunden. Bei der Benutzung anderer Editionen des Land- oder Lehnrechts ist zu beachten, daß bei gelegentlichen Textabweichungen Unstimmigkeiten auftreten können.

Der mehrfach geäußerte Wunsch, das Büchlein auch bei akademischen Lehrveranstaltungen verwenden zu können, hat die Auswahl der Bilder und die Textgestaltung mit beeinflußt. Für nützliche Hinweise hierzu ist den Herren Professoren Dr. Gerhard Buchda, Jena, und Dr. Adolf Laufs, Heidelberg, zu danken.

I.
ÜBER DAS RECHTSBUCH,
SEINE BILDERHANDSCHRIFTEN
UND SEINE BILDER

Der »Sachsenspiegel«, eine Privatarbeit aus dem ersten
Drittel des 13. Jahrhunderts, soll nach der Absicht ihres
Verfassers, des edelfreien anhaltischen Ritters Eike von
Repgow, das sächsische Stammesrecht, wie es der Verfas-
ser vorfand, darstellen. So gab er dem Buch selber den
Namen:

> »Spegel der Sassen«
> scal dit buk sin genant,
> went Sassen recht is hir an bekant,
> alse an eneme spegele de vrowen
> er antlite scowen,

heißt es in seiner gereimten Vorrede. In einem Land- und
einem Lehnrechtsteil sind in erster Linie Rechtsgewohn-
heiten aufgezeichnet, die in der ostfälischen Heimat Eikes
das tägliche Rechtsleben beherrschten. Der Sachsenspiegel
umfaßt das gesamte Recht, ohne jedoch in seiner Gliederung einer strengen Systematik zu folgen. Rechtssätze pri-
vatrechtlichen, strafrechtlichen, öffentlich-rechtlichen,
verfahrensrechtlichen Inhalts lösen einander in buntem
Wechsel ab, gehen zum Teil ineinander über. Dazwischen
sind, oft nur mit ganz wenigen Sätzen, zahlreiche Einzel-
materien berücksichtigt, wie z. B. Rechtsfragen, die den
Dorfhirten betreffen, Nachbarrecht, Straßenverkehrs-
recht und anderes mehr. Zur Begründung von Rechtszu-
ständen und -postulaten werden nicht selten, und zuweilen recht ausführlich, historische, biblisch-historische
oder religiöse Argumente vorgetragen.
Eike von Repgow, der sich nach dem Dorf Reppichau in
der Nähe von Dessau nennt und dort zwischen 1180 und
1190 geboren sein dürfte, schrieb den Sachsenspiegel zuerst in lateinischer Sprache und übersetzte ihn nachher auf
Veranlassung seines Lehnsherrn, des Grafen Hoyer von
Falkenstein, ins Niederdeutsche (Eikes Reimvorrede V.
261 ff.).
Das Rechtsbuch fand rasch eine weite Verbreitung. Es

wurde ins Mittel- und Oberdeutsche übertragen, dann ins Holländische, Polnische, Tschechische und mehrfach auch wieder ins Lateinische. Noch bis zum Zweiten Weltkrieg waren rund 200 vollständige Sachsenspiegelhandschriften und eine erhebliche Anzahl von Fragmenten erhalten. Unter diesen Handschriften gibt es einige, die sich durch figürlichen Schmuck auszeichnen, und davon wiederum vier, in denen die Mehrzahl der Rechtssätze von farbigen Bildern begleitet wird, die den Sinngehalt des Textes mehr oder weniger ausführlich mit den Ausdrucksmitteln·der Zeichenkunst umschreiben. Diese vier Handschriften sind heute bekannt als die Heidelberger, die Dresdener, die Wolfenbütteler und die Oldenburger Bilderhandschrift des Sachsenspiegels. Sie gehen alle auf einen verschollenen Urtyp zurück, der etwa im letzten Jahrzehnt des 13. Jahrhunderts vielleicht im Bistum Halberstadt oder in der Mark Meißen entstanden sein könnte.

Die Heidelberger Bilderhandschrift, der Codex Palatinus Germanicus (Cpg) 164 der Universitätsbibliothek Heidelberg, gilt als die älteste der erhaltenen Bilderhandschriften und steht dem Urtyp hinsichtlich der Richtigkeit und Vollständigkeit in der Wiedergabe der sprechenden Bildelemente ganz offenkundig am nächsten. Sie ist jedoch wesentlich lückenhafter als die drei anderen. Nur geringe Teile des Lehnrechts und des zweiten Landrechtsbuches sowie der größte Teil des dritten Buches Landrecht sind erhalten geblieben, mit anderen Worten: Von den ursprünglich etwa 92 Blatt der Handschrift haben 30 die Zeiten überdauert. Um 1330 dürfte die Handschrift entstanden sein. Nach Heidelberg kam sie allen Anzeichen nach 1567 mit der Bibliothek des Augsburgers Ulrich Fugger. Hier wurde sie 1584 durch Testament der damals weitberühmten »Bibliotheca Palatina« einverleibt und mit ihr 1623 nach der Eroberung Heidelbergs durch Tilly in die

Bibliothek des Vatikans überführt. In Rom blieb sie fast zweihundert Jahre, bis sie 1816 zusammen mit den übrigen deutschsprachigen Handschriften der Palatina vom Papst herausgegeben und nach Heidelberg zurückgebracht wurde, wo sie seitdem in der Universitätsbibliothek aufbewahrt ist.

Die Textillustrationen der Bilderhandschriften des Sachsenspiegels vom Typ des Heidelberger Cpg 164 sind so angelegt, daß sie Leseunkundigen beim Memorieren der Rechtssätze als Erinnerungshilfen dienen können. Die Bilder begleiten fortlaufend den Text, ohne ihn jedoch Wort für Wort durch Bildsymbole wiederzugeben. Das ist für ihren mnemotechnischen Zweck auch nicht erforderlich. Es genügt, Merkpunkte zu setzen, die, Stichworten gleich, dem Gedächtnis jederzeit das Ganze vergegenwärtigen können. Doch auch so war die Aufgabe des Zeichners nicht leicht. Schon die Übersetzung der zahlreichen abstrakten Begriffe, ohne die ein Rechtsbuch nicht auskommt, in einprägsame Bildchiffren erforderte viel Phantasie und eine gute Kenntnis einschlägiger Vorbilder. Auch gibt es Rechtssätze, die zu kompliziert oder zu umfangreich sind, um mit allzu einfachen bildnerischen Mitteln hinreichend deutlich ausgedrückt werden zu können. So schuf der Maler ein ganzes Chiffrensystem, dessen einzelne Elemente er der Kunst, dem Rechtsleben, der Alltagswirklichkeit entnahm oder die er selber erdachte.

Zu diesem Chiffrensystem gehören einmal die Farben der Gewänder, mit denen die Figuren bekleidet sind. Zwar hat sich die strenge Regel, die der Maler der Urhandschrift dabei offenbar befolgte, in der Kopienfolge bereits gelokkert, doch ist in der Heidelberger Handschrift noch vieles davon sichtbar geblieben. Die Kleiderfarben dienen als Identitätszeichen, z. B. Nrn 32 (der christliche Totschläger), 125/126 (der Eigentümer der Ziege), 133 (der geschädigte Kläger), als Ausdruck von Verwandtschaft (Nr 103) oder zur Kennzeichnung von Amtsträgern (König, Graf, Fronbote, Schultheiß usw.), von denen weiter unten noch die Rede sein wird. Zur Bezeichnung lehnrechtlicher Beziehungen oder Sachverhalte bevorzugt der Maler die grüne Farbe. Der Lehnsherr, überdies noch durch das Lilienschapel auf dem Kopf ausgezeichnet, trägt fast immer einen grünen Rock (z. B. Nrn 11, 12, 13, 15), ebenso der Lehnsrichter (Nr 12 links, Nr 73). Die Grundbedeutung des grünen Kleides ist wohl ritterliche Abkunft, vornehmer Stand, Adelszugehörigkeit: Nr 8 der junge Edelmann als Schüler des Lehnrechts, Nr 9 die fürstlichen Empfänger von Fahnlehen, Nr 93 die schöffenbarfreie Frau, Nrn 91, 92 u. ö. der »Herr« schlechthin. Über dem Grün steht das Rot. Es ist durchweg die Farbe des Königsrockes. Wenn Gott (Christus) einen grünen Rock und roten Mantel (oder umgekehrt) trägt, so drückt sich in dieser Summierung der höfischen Farben wohl ebenso die Vorstellung von »gotes hövescheit« aus wie die Idee seiner obersten Lehnsherrnstellung gegenüber Kaiser und Papst (Nrn 23, 28, 30, 84, 88-90).

Als Symbole am leichtesten verständlich sind solche Bildzeichen, die Gegenstände des täglichen Lebens jener Zeit in unveränderter oder doch möglichst wenig veränderter Bedeutung wiedergeben: Ackergeräte, welche die Feld- und Gartenarbeit meinen (Nr 123), Schleier (Nrn 97, 102) oder Gebände (Nr 100) zur Kennzeichnung der Witwe oder der verheirateten Frau, geistliche Tracht (Nr 100), der Judenhut (Nr 25 u. ö.), jedenfalls auch Sonne (Nr 75) und Mond (Nr 88) als Zeitmesser, schließlich wohl auch noch gerüstete Krieger, welche die Heerfahrt (Nr 15) repräsentieren, ein Haus oder eine Kirche, die für ein Dorf stehen (Nrn 136, 138), Ähren als Grundstückssymbol (Nrn 11, 65, 81 u.ö.).

Eine Reihe von Motiven ist der bildenden Kunst entlehnt und konnte deshalb ebenfalls als bekannt vorausgesetzt werden, so etwa der »Trauergestus«, der in seiner ursprünglichen Bedeutung Nr 106 vorkommt, die Redegebärden sowie vor allem religiöse Motive (Nrn 27-30, 84-90). Auch dem Rechtsbuch selber werden charakterisierende Formen entnommen. Die so häufig begegnende Darstellung der Kommendation (Nrn 10, 11) geht auf Lnr. 22 §§ 1, 2 zurück, der kurze Mantel als kennzeichnendes Attribut des Schöffen auf Ldr. III 69 § 1 (Nr 68), Bekleidung und Ausrüstung des Zweikämpfers (Nr 95 links) auf Ldr. I 63 § 4.

Mit diesem Vorrat an bereits vorhandenen bildlichen Ausdrucksmitteln war jedoch allein nicht auszukommen. Jedes Sprachwerk – und ein Rechtsbuch noch ganz besonders – enthält zahlreiche Vorstellungen und Begriffe, für die sich dem Illustrator anderswo keine oder keine so knappen Darstellungsmöglichkeiten, wie seine Aufgabe sie verlangte, zur Nachahmung anboten. In solchen Fällen war er auf die Erfindungskunst seiner eigenen Phantasie angewiesen. Er hatte aber auch dabei, so gut es ging, anzustreben, daß seine Sinnbilder leicht verständlich und einprägsam waren. Symbole dieser Art kommen häufig vor. Die »Verfestung« zum Beispiel ist ein unanschaulicher Rechtsbegriff, dessen bildliche Darstellung einige Schwierigkeiten bereitet. Der Zeichner hat sich damit geholfen, daß er den Verfesteten mit Anspielung auf Ldr. I 68 § 5 (dgl. Ldr. III 63 § 3), wonach es ihm ans Leben, oder, mit anderen Worten, an den Hals geht, mit einem durch seinen Hals gestoßenen Schwert abgebildet hat (Nrn 20, 58, 60). Was für die Verfestung, d. h. die Bezirksacht gilt, gilt auch für die Reichsacht. Sie ist des Königs Acht, und deshalb wurde dem Schwert eine Krone hinzugefügt (Nrn 20, 58). Durch die Darstellung verschiedener Manipulationen an Ährenbüscheln sind rechtliche Vorgänge, die sich auf Grundstücke beziehen, in die Bildersprache des Kodex übersetzt: das Besitzergreifen (Nr 11), das Erben und Vererben (Nrn 102, 103, 108) und anderes, wobei jedoch die schon Jahrhunderte vor dem Sachsenspiegel im germanisch-deutschen Recht nachweisbare Verwendung des Halmes gerade bei der Grundstücksübertragung die Wahl dieses Symbols entscheidend beeinflußt haben dürfte. Nichtbesitz wird durch einen Kreis, der Geld, Ähren und Getreide umschließt, ausgedrückt. Im Grundgedanken hiermit verwandt ist das Symbol für den Rechtsbegriff »Gedinge«. Es besteht gleichfalls aus einem Kreis; in ihm befindet sich aber nur das Grundstückssymbol, die Ähren (Nr 11). Gedinge ist im Lehnrecht eine Anwartschaft, also auch (noch) kein Besitz. In beiden Fällen hat der Kreis somit die gleiche Aufgabe: Er schließt bestimmte Personen vom Besitz aus, behütet wie ein magischer Schutzkreis das in ihn eingeschlossene Gut vor dem Zugriff des Nichtberechtigten.

Andere Begriffe aus dem Bereiche des Rechts, die nur durch Sinnbilder zeichnerisch dargestellt werden können, sind z. B. das Urteil, das durch Rosen (Nr 69), der Friede, der durch eine Lilie (Nrn 25, 34) symbolisiert wird. Die »Gerade« ist durch eine Schere, das »Heergewäte« durch ein Schwert vertreten (Nr 104).

Eine recht schwierige Aufgabe war dem Maler mit der bildlichen Darstellung von Zeitbestimmungen, Fristen und Terminen gestellt. Er hat sie auf eine ebenso einfache wie einleuchtende Weise gelöst: Das Jahr wird durch das Zahlzeichen LII, das in einen Kreis eingeschlossen ist, dargestellt (Nrn 18, 118 rechts). Dasselbe Symbol steht auch für das »voriaren«, die Fristversäumnis. Der Zeitraum von sechs Wochen wird in der Regel durch die Zahl VI, gelegentlich auch durch sechs senkrecht nebeneinandergestellte Striche symbolisiert (Nrn 15-18). Für die häufig vorkommende Frist von » Jahr und Tag« stehen in den Bilderhandschriften meistens das Jahreszeichen und die VI sowie häufig dazu noch das Bild der Sonne als Tagessymbol, da diese Fristbezeichnung im Sinne von »1 Jahr, 6 Wochen und 3 Tage« aufgefaßt wird. Eine Ausnahme macht das hier wiedergegebene Bild Nr 118 rechts. Dort ist dem Zeichen LII (Wochen) nur die Sonne mit der Bedeutung »1 Tag« beigefügt. Als Tageszeichen dient die Sonne auch dazu, einzelne Tage anzugeben. Die Zahl der Tage wird durch Punkte bezeichnet (Nrn 88, 118 links). Auch Tageszeiten (Nr 75) werden durch das Bild der Sonne wiedergegeben. Ein Viertelmond unter einer II oder auch nur die Zahl II alleine (Nr 59) bedeuten die Frist von vierzehn Nächten. Zeitliches Nacheinander wird in räumliches Hintereinander umgesetzt (Nrn 60 u. 61. Vgl. auch Nr 17, wo die Zahl VI vor und hinter dem schlummernden Krieger zum Ausdruck bringen soll, daß er sechs Wochen vor Beginn und sechs Wochen nach Beendigung des Reichsdienstes Schaftruhe und Reichsfrieden genießen soll).

Auch Wortspiele finden Anwendung. Der »Biergelde« bekommt einen Schöpfkübel, mit dem man Bier schöpfte, die »Biergelte«, als Attribut (Nrn 81, 93), obgleich sein Name, aus »Bargilde« entstanden, mit Bier nichts zu tun hat. Die Figur eines Schultheißen, dem Gläubiger beigegeben, besagt, daß dieser eine ausstehende Geldschuld einfordert (»heischt«) (Nr 114). Das »Behalten« i. S. v. »etwas vor Gericht erstreiten« wird durch das Festhalten des streitigen Gutes ausgedrückt (Nr 102). Den Begriff »schöffenbar« versinnbildlicht ein Schiff (Nr 93), wobei sich der Illustrator die Lautverwandtschaft von nd. »schep« (Schiff) mit »schepe« (Schöffe) für sein Symbol zunutze macht. Zur bildlichen Verkörperung des im Text (Ldr. III 79 § 2) vorkommenden Ausdrucks »kein uz wendig man« eignet sich wegen der Klangverwandtschaft des Namens die Gestalt eines Wenden (Nr 138).

Vom Illustrator frei erfunden sind auch einige der Handgebärden: Die Verweigerungsgebärde, wie sie z. B. Nr 20 bei dem grüngekleideten Lehnsherrn vorkommt, das Ruhen, das (Nr 17) bei dem Ritter auf der rechten Seite des Bildes und in der Darstellung des Ausruhens Gottes am siebenten Schöpfungstage (Nr 88) begegnet, die ohne weiteres verständliche Gebärde des Schweigens, die Nr 73 zeigt.

Alle Bildzeichen sind mit äußerster Strenge und Rücksichtslosigkeit dem Zweck des Ganzen untergeordnet. Er allein bestimmt nicht nur ihre Auswahl, sondern auch Gestalt und Bedeutung. Nirgendwo kommt es dem Zeichner darauf an, seine Vorbilder, seien sie der Kunst oder dem Leben entnommen, getreu nachzuahmen. So wenig er sich der Anatomie des Menschen verpflichtet fühlt und bedenkenlos seinen menschlichen Figuren drei Arme (Nrn 10, 73) oder zwei Köpfe (Nr 103) gibt, wo er meint, daß seine Aufgabe es von ihm fordere, so wenig sieht er sich gehalten, anderswoher übernommene Symbole nach Form und Inhalt richtig wiederzugeben oder anzuwenden.

Gleichwohl sind die Bilder auch an echter Rechtssymbolik und an Zeugnissen wirklichen Rechtsbrauches nicht arm: Das Schwert in der Hand des Richters als Symbol der Gerichtsbarkeit, zumal der Hochgerichtsbarkeit, findet sich auf den Bildern 35, 36, 133, 134. Wenn der Kläger bei der Klage mit Gerüft ein bloßes Schwert trägt, so entspricht auch dies der Wirklichkeit (Nr 36). Die Fahne als Lehnssymbol (gemäß Ldr. III 60 § 1) kommt öfter, und zwar in verschiedenen Farben, vor (Nrn 9, 19, 79). Tatsächlich war sie, als »Blut-« oder »Feuerbanner« uraltes Wahrzeichen des Reiches, immer rot. Wie die Fahne so ist auch das Szepter, im übrigen ständiges Attribut des Königs auf den Bildern unserer Handschrift, nach der gleichen Landrechtsstelle Investitursymbol, und zwar bei der Verleihung geistlicher Reichslehen (Nr 9). Der Handschuh als Zeichen des vom Kaiser verliehenen Marktrechts (Ldr. II 26 § 4) kommt auf Nr 139 vor und entspricht tatsächlichem Rechtsbrauch. In Übereinstimmung mit alter Rechtsgewohnheit erscheint der Zweig als Auflassungssymbol bei der Grundstücksübereignung auch auf den Bildern unserer Handschrift. Dabei hat der Maler sich eine Differenzierung in der Anwendung dieses Symbols und eine subjektiv-symbolische Erweiterung seiner Bedeutung erlaubt. Als grüner Zweig, an einer Stelle als gelber Ast (Nr 118 rechts) begegnet er bei der Übergabe von Grundstükken in Nrn 82, 118, 119. Öfter dagegen tritt er als blühender Zweig auf und ist das Bildzeichen für die Belehnung in verschiedenen Zusammenhängen, z. B. auch da, wo es sich um ein bloßes Lehensangebot handelt, das zurückgewiesen wird, d. h. es ist eine richtige Bildchiffre für den Begriff »Belehnung« (Nrn 10 u. 101). Der Ring, Sinnbild der Eheschließung, ist auf den Bildern das Zeichen für »heiraten« (Nr 99). In das Gebiet echter Rechtssymbolik gehört auch der »blickende Schein«, den unsere Bilder in verschiedenen Erscheinungsformen zeigen.

Von den Handgebärden der Figuren gehören dem Rechtsleben des Mittelalters folgende an: Die Redegebärden des Richters, der Urteilsfinder, der Prozeßparteien und des Vorsprechers; die Befehlsgebärde (häufig, besonders beim Richter, z. B. Nrn 35, 68); die Gelöbnisgebärde (Nr 12 links der kniende Lehnsmann, Nrn 15, 16, 59); der Fingerzeig beim Zeugenführer, bei den Zeugen, bei den Prozeßparteien, bei der »leiblichen Beweisung« (z. B. Nrn 43 u. 45); die Schwurgebärden; die Handreichung beim Vertragsabschluß (Nrn 34, 67, 123, 124); die Kommendation bei der Begründung eines Lehnsverhältnisses (Nrn 10, 11, 13); ferner sind den objektiven Rechtssymbolen zuzurechnen das Raufen der eigenen Haare, das zur Notzuchtklage gehört (Nr 36 s. a. S. 58); die Übernahme in die Schuldknechtschaft durch Ergreifen bei der Hand (Nr 111); die Besitzergreifung mittels der »traditio per ostium« (Nr 117) und schließlich der »Scheltegestus«, der darin besteht, daß der Scheltende die erhobene Schwurhand des

Gegners herabzieht; die Gebärde ist rechtsritueller Bestandteil der Eidesschelte, kommt in der vorliegenden Bildauswahl aber nicht in dieser Bedeutung, sondern als subjektiv-symbolischer Ausdruck zur Darstellung der Urteilsschelte (Nr 70) vor.

An sonstigen Ausdrucksbewegungen, die dem Rechtsleben entnommen sind, sind zu nennen: Das Stehen vor Gericht: die Prozeßparteien stehen dem Richter gegenüber; stehend wird der Eid geleistet, was jedenfalls neben dem Knien beim Schwur ebenfalls wirklichem Brauch entspricht (Nrn 35, 57, 59 u. ö.); die Aufstellung der Parteien und Zeugen vor Gericht: Beim Siebenereid stehen die 6 Zeugen in 2 Reihen zu je drei, neben einer steht der Beweisführer (Nr 35); die Placierung der Partei hinter ihrem Vorsprecher (Nrn 71 u. 73); das Sitzen des Richters im Gericht (Nrn 20, 21, 25, 32 u. ö.); sitzend versieht auch der geistliche Richter (Nrn 66, 98) sein Amt und ebenso der Lehnsherr im Lehnsgericht (Nr 73); sitzen müssen auch die Urteilsfinder beim Gericht unter Königsbann. So will es der Sachsenspiegel selber in Ldr. II 12 § 13, III 69 § 2, und die Bilder zeigen es, besonders Nrn 68, 70, 74; für die »Setzung« (Nrn 60, 61 zu Ldr. III 88 §§ 2-4) sind die illustrierten Sachsenspiegel die einzigen Bildquellen.

Bei der Suche nach Mitteln, die Aussagefähigkeit seiner Bilder soweit als möglich auszudehnen, bot sich dem Illustrator vor allen anderen Ausdrucksformen die Mimik der Hände an. Sie begegnete ihm und den zukünftigen Benutzern seines Werkes täglich in zahllosen Varianten im Leben wie in der Kunst. Ihre Vielseitigkeit, ihre zumeist unmittelbare Verständlichkeit und nicht zuletzt auch ihr geringer Platzanspruch machten sie für seinen Zweck wie nichts anderes geeignet. Er konnte, was er bereits vorgebildet vorfand, entweder unverändert übernehmen oder auf eine leicht durchschaubare Art abwandeln, ebenso der Form wie dem Inhalt nach, und der Spielraum für die Er-

findung neuer Gesten war nahezu unbegrenzt. In der Tat
wendete der Maler diesem Ausdrucksmittel denn auch
seine besondere Sorgfalt zu, rückte es optisch in den Vordergrund, indem er die sprechenden Hände besonders
groß und oft mit einer schablonenhaften Exaktheit aus-
führte, auffallend gegenüber der meist lässigen Zeichnung
der mit Nebentätigkeiten beschäftigten oder ruhenden
Hände.

Demgegenüber fällt allerdings auf, daß der Illustrator die
Ausdrucksmöglichkeiten, welche ihm die mimischen
Handbewegungen bieten, bei weitem nicht ausgeschöpft
hat. Gesten, die Affekte oder sonstige seelische Vorgänge
ausdrücken sollen, kommen nur vor, wenn sie sich – um-
gedeutet – auch zur Wiedergabe rationaler, rechtlich rele-
vanter Begriffe oder Sachverhalte verwenden lassen, wie
der Trauergestus oder die Gebärde der Ehrerbietung. Man
könnte diese Zurückhaltung daraus zu erklären versu-
chen, daß der Illustrator unter Verzicht auf jede nur als
Beiwerk zu wertende künstlerische Gestaltung sich ganz
streng auf das zu begrenzen strebte, was zur Erfüllung seines mnemotechnischen Illustrationsauftrages unbedingt
erforderlich war. Allein dieser Ansicht stünde entgegen,
daß er sich eine solche künstlerische Abstinenz keineswegs
durchweg auferlegt hat, während er andererseits auf die
Verwendung mancher Handgebärden verzichtete, welche
die Rechtspraxis ihm anbot.

Man wird deshalb wohl anzunehmen haben, daß er im
Hinblick auf die Absicht, die er mit seinen Illustrationen
verfolgte, darauf bedacht war, eine möglichst große Aus-
drucksfähigkeit seiner Bildersprache mit einem Minimum
an Ausdrucksformen zu verbinden, um den Benutzer
nicht zu verwirren. Sollten seine Bilder als Merkhilfen
dienen, dann durfte ihr Vorrat an Symbolen nicht allzu
reichhaltig sein, um nicht das Gedächtnis, das sie stützen
sollten, gleichzeitig zu belasten. Daher ist denn auch trotz

anscheinender Vielfalt der Bewegungen der eigentliche
Formenbestand der Handgebärden verhältnismäßig ge-
ring und überschaubar. Von den in dieser Auswahl vorkommenden Gesten der Hände sind folgende besonders
bemerkenswert:

Die »Gelöbnisgebärde« ist Symbol für einseitiges Versprechen oder Geloben. Mit dieser Gebärde huldigt (Nr
12 links) der Lehnsmann seinem Herrn, geloben die zum
Reichsdienst aufgebotenen Mannen, dem Aufgebot zu
folgen (Nrn 15 u. 16), versprechen (Nr 59) Fronbote und
Kläger, den dem Ächter vom König gewirkten Frieden zu
halten.

Der »Ablehnungsgestus«, der in Nr 73 als Symbol für Widerspruch und Ablehnung, in Nr 13 zur Darstellung eines
Verbotes dient, besteht darin, daß jemand einen anderen
mit den Händen von etwas fortschiebt, wie der Geistliche
auf Bild Nr 98 den Ehemann von seiner Familie oder auf
Bild Nr 100 die beiden Ehegatten voneinander, um damit
die Ehescheidung symbolisch darzustellen.

Der »Unfähigkeitsgestus« drückt mehrfach ein Nicht-
können aus. In dieser Bedeutung findet er sich in Nr 8 bei
dem Schüler, der Lehnrecht »nicht kann«, in Nr 71 bei den
streitenden Parteien, die sich sprachlich nicht verständigen
können, in Nr 112 bei dem Verwundeten, der seinem Wirt
die Pflegekosten nicht bezahlen kann. Sodann hat die Gebärde auch die Bedeutung einer rechtlich erlaubten Ver-
weigerung, wie in Nr 101 zu Lnr. 20 § 3, worin den Mannen gestattet wird, die Annahme des Lehens von dem unebenbürtigen Erben abzulehnen, in Nr 138 zu Ldr. III 79
§ 2, wonach der auswärtige Beklagte sich weigern darf, vor
dem Dorfgericht nach Dorfrecht zu antworten. Die
Grundbedeutung dieser Gebärde ist, wie sich aus ihrer
Form ablesen läßt, ein Untätigsein. So steht auf dem Bild
Nr 105 der »Jüngere« untätig da, bis der Ältere geteilt hat.
Schließlich wird die Geste zum Ausdruck der Ehrerbie-

tung, wie bei den beiden Söhnen Noahs in Nr 86.

Der »Trauergestus«, der in seiner traditionellen Bedeutung als Ausdruck der Trauer in Nr 106 bei dem Ehemann vorkommt, der um seine verstorbene Frau trauert, wird in Nr 87 bei Esau zum Zeichen seines Kummers über die verlorene Erstgeburt und den entgangenen väterlichen Segen.

Weigerung bedeutet die Gebärde, die in Nr 20 der rechts sitzende Lehnsherr macht. Sie erscheint in der gleichen Bedeutung auch in Nr 58.

Gebärde des vertraglichen Gelöbnisses ist die »Handreichung«, wie sie auf den Bildern Nr 34, 67, 123 und 124 vorkommt.

Das Recht, vor Gericht die Antwort zu verweigern, drückt eine Geste aus, die in Nr 66 der vor dem unzuständigen Richter Verklagte, in Nr 71 der vor Gericht nicht in seiner Muttersprache Angesprochene, in Nr 62 der Schöffenbarfreie macht, der vor einem auswärtigen Gericht zum Zweikampf gefordert wird. Eine Bedeutungsvariante zeigt Nr 67, wo der Graf mit dieser Gebärde zum Ausdruck bringen will, daß er bei der Königsbannleihe nicht Mannschaft zu leisten braucht.

Mehrfach begegnet eine Gebärde des linken Armes, die den Kläger oder den Inhaber eines Rechtsanspruches kennzeichnet. Als Beispiele seien genannt die beiden Frauen in Nr 36, die wegen Notzucht klagen, Calefornia als Klägerin vor dem Königsgericht in Nr 72, in Nr 58 der Reichsächter und in Nr 133 der Geschädigte in der Klägerrolle. Die Gebärde wird auch angewendet, wo jemand, ohne in strengem Sinne als Kläger aufzutreten, einen rechtlich begründeten Anspruch geltend macht. In Nr 129 macht das mündig gewordene Kind mit dieser Geste die aus dem zugehörigen Text sich ergebenden Ansprüche gegen den Herrn, in Nr 95 der Spielmann seinen Bußanspruch geltend, um dafür den Schatten eines Mannes zu erhalten. Auf Bild Nr 6 betonen die übrigen Reichsfürsten auf diese Weise, daß auch sie und nicht nur die Inhaber des Erstkurrechts einen Anspruch auf Beteiligung bei der Königswahl haben.

Soweit die menschlichen Figuren auf den Bildern als Vertreter bestimmter Personengruppen auftreten, hat sie der Maler deutlich markiert, wenngleich schon in der Heidelberger Handschrift die Erkennungszeichen nicht in allen Fällen konsequent angewendet sind. Eine Übersicht über die wichtigsten von ihnen soll das Verständnis der Bilder erleichtern:

1. Der »König« trägt immer einen roten Rock und eine Krone auf dem Haupt. Häufig hält er das Szepter in der Hand (vgl. Nrn 1, 2, 4).

2. Der »Fürst« ist nicht durchgehend einheitlich gekennzeichnet. Der Maler verwendet dafür zumeist zwei Attribute, die teils alternierend, teils gemeinsam auftreten, eine gugelartige Kopfbedeckung und die Lehnsfahne (Nr 79). Der »Fürstenhut«, wie der Rock zumeist von lichtgelber Farbe, trägt öfter auch das Herrenschapel (Nr 10). Bei der rechten Figur in Nr 10 ist der Hut in Angleichung an den Rock grün. Die Farbe des Kleides wechselt mehrfach. Sie ist grün, wenn lehnrechtliche Bezüge hervorzuheben sind (Nrn 7 u. 10), doch kommt im Landrecht die grüne Farbe in den Fürstenröcken gelegentlich auch vor, ohne daß lehnrechtliche Zusammenhänge ausgedrückt werden sollen (Nrn 5 u. 6). Die Lehnsfahne als Bestimmungsmerkmal des Reichsfürsten entspricht Ldr. III 60 § 1; 58 § 2; Lnr. 71 § 21. An einigen Stellen sind die Fürsten überhaupt nicht als solche kenntlich gemacht, sondern nur nach dem Text zu identifizieren (Nrn 5, 6, 9).

3. Der »Richter« und zumeist auch das Gericht schlechthin werden durch eine Figur repräsentiert, die, wie sich aus Nr 74 (zu Ldr. III 61 § 1) ergibt, einen Grafen darstellen soll. Während im Landrecht die Farbe seiner Bekleidung

Gelb ist, sind im Lehnrechtsteil Rock und Hut grün, weil er hier als Richter im Lehnsgericht erscheint. Gelegentlich trägt er über dem Grafenhut noch das Herrenschapel (Nr 12).

4. Den »Bauern« kennzeichnet das grobe Profil, der nur knielange Rock und eine Art weißer Wickelgamaschen um die Unterschenkel (Nrn 20, 83 u. a.). Abweichungen von diesem Grundschema beruhen auf Verzeichnung oder Versehen (Nr 125).

5. Die »Schöffen« tragen als einziges kennzeichnendes Attribut gemäß Ldr. III 69 § 1 kurze Mäntel über den Schultern (Nrn 68, 70, 74), die aber zuweilen auch fehlen (Nr 76).

6. Der »Schulheiß« hat einen Hut mit breiter, leicht aufgebogener Krempe und einer gebogenen Spitze auf dem Kopfteil. Sein Gewand ist abwechselnd von je zwei grünen und zwei roten, teilweise auch nur einem roten Streifen auf weißem Grunde quergestreift (Nr 74).

7. Der »Bauernmeister« trägt zu der gewöhnlichen Bauernkleidung einen Strohhut. Sein Rock ist stets weiß, ins Gelbliche hinüberspielend (Nrn 124, 137, 138).

8. Das Kleid des »Fronboten« ist rot-weiß-grün quergestreift. Häufig trägt er eine Peitsche in der Hand (Nr 74).

9. Der »Sachse«, der gelegentlich auch den Deutschen schlechthin vertritt (Nrn 54 u. 69), ist durch ein großes Messer in seiner Hand, den »Sachs«, gekennzeichnet (auch Nr 64). Dies Messer spielt in der sächsischen Stammessage mehrfach eine Rolle. In direkte Beziehung zum Stammesnamen wird es im Annolied gebracht:

>»cin Sahsin du dir siddi was,
daz si mihhili mezzir hiezin sahs, . . .
von den mezzerin also wahsin
wurdin si geheizzin Sahsin.«
(Annolied v. 339/40 u. 345/46.)

Der »Franke« ist durch einen Fehkragen über dem Mantel

gekennzeichnet (Nrn 64 u. 69). Der Ursprung dieses Symbols ist unbekannt. Der »Thüringer« trägt stets einen Fisch in der Hand (Nr 64). Auch die Herkunft dieses Attributes ist nicht aufgeklärt, doch wurde die Vermutung ausgesprochen, der Fisch sei eine Anspielung auf die spottweise Bezeichnung der Thüringer als »Heringsesser«. Jedenfalls scheint die Kennzeichnung des Thüringers durch einen Fisch im Mittelalter weit verbreitet gewesen zu sein, denn in der Manessischen Liederhandschrift trägt der »Der Thüring« genannte Minnesinger zwei riesige goldene Fische als Helmzier und einen Fisch im Wappen. Die »Schwaben« sind durch eine Frau repräsentiert (Nr 64). Den unmittelbaren Anstoß dazu gibt das Rechtsbuch selber. Ldr. 1 17 § 2 spricht davon, daß der Schwabe auch von seiten der Frau nicht erben kann, weil die Frauen in diesem Stamm alle durch die Missetat ihrer Vorfahren erbunfähig geworden sind (»alle erbelos gemachet sint durch ire vorfarne missetat«). In Ldr. 1 18 § 1 heißt es: »Dreierlei Recht behaupteten die Sachsen gegen den Willen Karls (des Großen) für sich: Das schwäbische Recht wegen des feindseligen Verhaltens der Frauen (durch der wibe haz) . . . «. Die Erklärung dazu bietet eine Sage, die bei Grimm, Deutsche Sagen, unter Nr 420 folgendermaßen wiedergegeben ist:

»Dieweil Hengst (Hest, Hesternus) ausgezogen war mit seinen Männern nach England, und ihre Weiber daheim belassen hatten, kamen die Schwaben, bezwangen Sachsenland und nahmen der Sachsen Weiber. Da aber die Sachsen wiederkamen und die Schwaben vertrieben, so zogen einige Weiber mit den Schwaben fort. Der Weiber Kinder, die dazumal mit den Schwaben zu Land zogen, die hieß man Schwaben. Darum sind die Weiber auch erblos aus diesem Geschlecht, und es heißt im Gesetz, daß ›die Sachsen behielten das schwäbisch Recht durch der Weiber Haß‹.«

10. Die »Wenden« tragen auffallend kurz geschnittene Haare, knielange Röcke wie der deutsche Bauer, die weißen Beinlinge von roten, schräg hochlaufenden Binden weitläufig umwunden (Nrn 69, 71, 99).

11. »Juden« tragen die ihnen im Mittelalter vorgeschriebenen spitzen Hüte und durchweg lange Bärte (Nrn 25, 31, 32, 53, 89).

Fragt man nach dem Wirklichkeitsgehalt der Sachsenspiegelillustrationen, so wird man ihnen trotz aller notwendigen Vorbehalte ihren kulturhistorischen Quellenwert nicht absprechen können. Sie tragen deutlich die Züge ihres Zeitalters in materieller wie in geistiger Hinsicht. Blutige Szenen des Kampfes, des Mordes und des Vollzugs einer grausamen Gerechtigkeit gehören ebenso zum Bild ihres Jahrhunderts wie der Abglanz höfischer Verfeinerung und Gesittung, von dem trotz aller künstlerischen Ungeschliffenheit der Darstellung, trotz der naiven Roheit ihrer malerischen Technik und trotz des Fehlens jeder äußeren Prachtentfaltung etwas in ihnen sichtbar wird. Es paßt zu der Vorstellung des höfischen Rittertums von Gott als dem obersten Lehnsherrn des miles christianus, wenn ihn der Maler allenthalben in die Farben Rot und Grün kleidet, deren eine sonst an erster Stelle dem König zugeteilt ist, während die andere den Lehnsherrn kennzeichnet. Noch unmittelbarer wird die Idee seiner Lehnsherrnstellung im Bilde sichtbar, wenn St. Peter, gleichsam in Vertretung Gottes, in unverkennbar lehnsrechtlichen Formen dem Papst das Symbol seiner geistlichen Gewalt verleiht (Nr 3). Höfische Wohlerzogenheit zeigt sich bei dem Ritter, der im Feldlager an ordentlich gedecktem Tisch sittsam mit zierlichen Fingern die Speise zum Munde führt (Nr 17), und selbst bei dem »schatrowe« haltenden Ritter im gleichen Bild drückt eine beinahe manierierte Haltung, ähnlich wie die zierliche Fußstellung des Lehnsherrn und des Königs in Nr 15, zuchtvolles Benehmen aus. Das Obszöne wird, soweit es vom Text her nicht völlig vermeidbar ist, nur in schicklichen Formen angedeutet, so in Nr 96 die Vergewaltigung oder in Nr 72 California, der dem ihr nachgesagten Verhalten zufolge eine ganz andere Stellung zukäme. Auch Nacktheit zeigt sich nur recht verschämt (Nrn 23, 28), so daß selbst die Auferstandenen beim Jüngsten Gericht nicht völlig unbekleidet sind, soweit es anstößig wirken konnte (Nr 30). Kleidung, Waffen und Geräte haben die Formen, die sie in der Entstehungszeit der Bilderhandschriften besaßen. Sie lassen sich also als Zeugnisse der materiellen Kultur jener Zeit wohl verwerten, doch ist dabei Vorsicht geboten. Nicht nur, daß die Zeichnungen sehr summarisch sind, daß sie keinen Wert auf Genauigkeit und Vollständigkeit im Detail legen; infolge der rücksichtslosen Unterordnung aller Bildelemente unter den Illustrationszweck sind sie an vielen Stellen völlig wirklichkeitsfremd. Die Färbung der Gewänder zum Beispiel, die in vielfacher Hinsicht zum Symbolbestand der Bildersprache gehört, läßt keinen Schluß auf die derzeitige Mode zu. Das Schwert mit der Krone am Knauf im Halse des Reichsächters besagt nicht, daß es solche Schwerter gegeben haben muß. Wenn der Ritter in Nr 17 gewappnet bei Tisch sitzt, dann widersprach das entschieden höfischer Sitte.

Andererseits gibt es vieles, was wahrscheinlich oder sicher in Wirklichkeit so war, wie es auf den Bildern dargestellt ist. Der Pflug (Nrn 26 u. 123) etwa oder Äxte (Nr 55), Beile (Nrn 54 u. 131), Spaten (Nrn 43 u. 44), Rodehacken (Nrn 39 u. 137), Spitzhacken (Nr 38) u. a. m. haben gewiß nicht anders ausgesehen als die dargestellten Gegenstände. Die Wiege in Nr 97 ist die älteste erhaltene Darstellung dieses Gegenstandes. Auch der Gabelgalgen (Nr 53) kann rechtsantiquarisches Interesse befriedigen. Auf zahlreiche Übereinstimmungen in den Bildern mit wirklichen Vorgängen im Rechtsleben wurde bereits hingewiesen.

Aber auch hierfür gilt, daß die Wirklichkeitstreue der Darstellung in jedem Falle dem Illustrationszweck untergeordnet ist. Ebensowenig, wie man beispielsweise aus Nr 54 entnehmen kann, daß der Delinquent beim Vollzug einer Verstümmelungsstrafe ein Messer in der Hand trug, ebensowenig kann man etwa aus Blatt 27^r/3 des Originals Einzelheiten eines Freilassungsritus unmittelbar herauslesen, wie es in der rechtshistorischen Forschung versucht wurde. Andererseits können die Bilder Vorgänge, die nur aus schriftlichen Quellen bekannt sind, anschaulich machen und ihre Kenntnis im Detail ergänzen wie z. B. Nr 60 u. 61 das Überschwören des »Gesetzten«, für das diese Bilder, wie schon gesagt, die einzigen bekannten Darstellungen sind. Darüber hinaus finden sich auch Bilder, die den Text kommentieren oder interpretieren, z. B. Nr 21l oder Nr 77.

II.

DIE BILDER MIT ERLÄUTERUNGEN

(Ldr. III 16 § 3-21 § 1)

§ 3 Des riches echtern vñ voruesten lûten en darf nimant ant
wertē in deme gerichte, da si voruest sin. Ein voruest man
mûz sich wol uz czien in allen steten in deme gerichte, da he
inne vor uest is. czu glicher wis, alse man di clage irhebē
mûz in allen steten, alse mûz ouch ein man sich wol vz
czien in allen steten. bûrgen sal he ab⸍ seczen, daz he vor
kvme. en hat hes bûrgen nicht, d⸍ richter sal in halden, biz
he rechtes gephlege. Swer so vor gerichte saget, he ha
be sich uz d⸍ voruestunge geczogen, vñ volkvmt hes
nicht mit deme richtere ad⸍ mit deme schultheizen ad⸍
mit deme vronenbotē an des richters stat vñ mit czwē
mannē, d⸍ cleger en darf keine voruestunge me vf in
geczugen. Swer ab⸍ vnd⸍ kvniges banne voruest
wirt, der bedarf czweier schephen vñ des richters czv
geczuge, swen he sich vz czuyt. Vrie lûte vñ des
riches dinest man mûzen wol vor deme riche geczuk sin
vñ orteil vinden, durch daz si deme riche hulde tvn, er iclich
nach sime rechte. doch en mûz des riches dinest man vb⸍ dē
schephen vrien man wed⸍ orteil vinden noch geczûk we
sen, da iz an sinē lip ad⸍ an sin ere ad⸍ an sin gesunt get.
Swer des anderē lant vnwizzende ert, da en volget kein
wandel nach. swer aber lant eret, daz he im czu saget, wirt
iz im mit rechte an gewnnē, he mûz iz bezzern. he mûz
ouch wol phenden vf sime lande den, d⸍ daz lant eret,
ane des richters orlop, durch daz he rechtes mite bekv̂
me. Mit erene en mac sinē lip noch sin gesunt nimant
vor wirken, iz en si denne also, daz im daz lant vor ge
richte vor teilt si vñ vride dar vber geworcht si. Spre
chen czwene man ein gut an mit glicher an sprache
vñ daz mit glicheme geczuge behalden, man sal iz vn
der si teilen. disen geczûk sullen die vmme sezzen be
scheiden, di in deme dorfe besezzen sin.

1. (Ldr. III 63 § 1) Weltliches und geistliches Gericht sollen einander beistehen. Die zwei Gerichtsgewalten sind durch Kaiser und Papst repräsentiert. Der Maler betont die Eintracht der beiden Häupter der Christenheit.

2. (Ldr. III 44 § 1) Translatio Imperii: »Das Reich« entstand zu Babylon, wurde von Cyrus für Persien erobert, wo es bis auf Darius (III.) blieb, dem es Alexander der Große entriß. Bei den Griechen hielt es sich so lange, »bis Rom sich seiner bemächtigte und Julius Kaiser wurde«. Der Herrscher von Babylon auf dem babylonischen Turm und Darius, der dritte in der Reihe, sind ungewappnet, weil sie »das Reich« nicht mit Gewalt erlangten.

3. (Ldr. III 44 § 1) »Noch jetzt«, so setzt Eike die Reichsgeschichte fort, »hat Rom das weltliche Schwert und von Sankt Peters wegen das geistliche«. Das weltliche Schwert trägt auf dem Bild der Kaiser. Der Papst jedoch erhält von Sankt Peter statt des geistlichen Schwertes den Schlüssel.

1-3

4. (Ldr. III 57 § 2) Königswahl. »Bei des Kaisers Kur soll der erste sein der Bischof von Mainz, der zweite der von Trier, der dritte der von Köln«.

5. (Ldr. III 57 § 2) Vor dem König stehen als weitere Inhaber des Erstkurrechts drei Laienfürsten mit den Attributen ihrer Erzämter: vorne der Pfalzgraf bei Rhein als Reichstruchseß, gefolgt vom Herzog von Sachsen, dem Marschall des Reiches; der Markgraf von Brandenburg versieht sein Kämmereramt, indem er dem König eine Schüssel mit warmem Wasser bringt, von der er gerade den Deckel abhebt. Es fehlt der Mundschenk, der König von Böhmen, dem Eike das Erstkurrecht abspricht, »weil er nicht deutsch ist«.

6. (Ldr. III 57 § 2) Nach den Fürsten, die bei der Kur die ersten sind, »küren des Reiches Fürsten alle, Pfaffen und Laien«. Sie stehen vor dem Erwählten und rufen ihn mit der gleichen Gebärde wie die Erstkürenden in Nr 4 u. 5 mit dem feierlichen Kurspruch zum König aus. Mit der Gebärde der linken Hand bringen sie zum Ausdruck, daß es ihre Sache ist, in dem der Kur vorausgehenden Akt den König auszuwählen (irweln).

4-6

7. (Lnr. 4 § 2) Die sechs Inhaber des Erstkurrechts sind verpflichtet, den König, wenn er zur Kaiserkrönung (»nach der wiunge«) nach Rom zieht, zu begleiten, um dem Papst die Rechtmäßigkeit der Königswahl zu bezeugen. Der Papst hält den Weihwedel in der Hand, um »die Weihe« vorzunehmen.

8. (Lnr. 1) Der Lehrer des Lehnrechts, ausgestattet mit einer Rute, unterrichtet einen Junker im Lehnrecht nach »dis buches lere«. Links die sieben Heerschilde, beginnend rechts oben mit dem Adlerschild des Königs, gefolgt von dem Schild der hohen Geistlichkeit und dem der Laienfürsten, der durch das Wappen der Markgrafen von Meißen repräsentiert wird. In der zweiten Reihe das Wappen der Grafen von Wernigerode für den Heerschild der »freien Herren«, sodann zwei unbekannte Wappenschilde; einer davon steht für den Heerschild der schöffenbaren Leute und der Mannen der freien Herren, für deren Vasallen der andere. Der siebente Schild ist leer, da man nicht weiß, »ab her lenrecht adir herschilt gehaben mag« (Ldr. 1 3 § 2).

9. (Ldr. III 60 § 1) Der Kaiser belehnt die geistlichen Fürsten – hier durch einen Bischof und eine Äbtissin vertreten – mit dem Szepter (»Szepterlehen«). Mit den Fahnen verleiht er weltliche Lehen (»Fahnlehen«) an Reichsfürsten.

7-9

10. (Lnr. 20 § 5) Zwei Fürsten bieten einem Vasallen die Belehnung an. Der Vasall nimmt sie von demjenigen entgegen, der selber ein Fahnlehen hat. Da sein Lehnsherr sitzt, leistet er nach strenger Observanz kniend »Mannschaft« und legt dazu seine gefalteten Hände zwischen die des Herrn.

11. (Lnr. 5 § 1) Steht dagegen der Herr, so bleibt auch der Mann bei der Zeremonie der Mannschaft stehen. – Im übrigen illustriert das Bild einen Rechtssatz, wonach der Herr zwei Mannen mit demselben Gut belehnen kann, indem der eine den Lehnsbesitz, der andere das »Gedinge«, d. h. eine Anwartschaft, für den Fall erhält, daß der Lehnsbesitzer ohne Lehnserben stirbt. Der Lehnsbesitzer umfaßt das Ährenbüschel als Symbol für das Lehngut, die von einem Kreis umschlossenen Ähren bedeuten das Gedinge.

12. (Lnr. 3) Links: Zur Begründung des Lehnsverhältnisses gehört ferner der Huldeschwur des Mannes, den er auf dem Bilde mit »Gelöbnisgebärde« und unter Berühren der Reliquien ablegt. – Rechts: Außerdem wird von dem Vasallen ehrerbietiges Verhalten in Gegenwart des Herrn verlangt. Er soll vor ihm aufstehen und ihn vorangehen lassen, wie das auf dem Bild im Hause des Herrn geschieht.

10-12

13. (Lnr. 23 § 3) In Kirchen und auf Kirchhöfen darf keine Belehnung vorgenommen werden.

14. (Ldr. III 64 § 1) Der König läßt mit »Befehlsgestus« das Aufgebot zum Reichsdienst an die Fürsten ergehen. Sein Bote überbringt den Vasallen Brief und Siegel des Königs und wiederholt seine Handgebärde.

15. (Lnr. 4 § 1) Der König bietet seinen Vasallen, dieser daraufhin seinen Lehnsmann mit der vorgeschriebenen Sechswochenfrist (VI) zum Reichsdienst auf. Die Aufgebotenen versprechen mit Kniefall und Gelöbnisgebärde, dem Aufgebot zu folgen.

13-15

16. (Lnr. 4 § 1) Die fristgerecht Aufgebotenen sind zum Reichsdienst innerhalb des deutschen Sprachgebietes verpflichtet. Wer aber östlich der Saale belehnt ist, der muß gegen Wenden, Böhmen und Polen dienen.

17. (Lnr. 4 § 1) Sechs Wochen hat der Vasall an der Reichsheerfahrt teilzunehmen und sich währenddessen selber zu verköstigen. Sechs Wochen vorher und sechs Wochen nachher soll er des Reiches Frieden genießen und »schacht rowe« (Schaftruhe) haben, d. h. von jedem Lehnsdienst befreit sein. Die rechte Bildhälfte drückt mit dem Speerschaft über dem schlummernden Mann die »Schaftruhe« aus.

18. (Lnr. 4 § 3) Das Aufgebot zur Romfahrt des Königs erfolgt 1 Jahr (= LII Wochen), 6 Wochen (VI) und drei Tage (. . .), bevor sich das Heer versammelt. Wer Reichsgut zu Lehen hat und damit zur Teilnahme verpflichtet ist, kann sich davon durch eine Heersteuer (die zwölf Münzen) in Höhe des zehnten Teils (X) der Einkünfte aus dem Lehen befreien.

16-18

19. (Ldr. III 64 § 2) Die Fürsten, die Reichsdienst oder Hoffahrt versäumen, zahlen ein »Gewette« von 100 (c) Pfund, alle übrigen »Herren« 10 Pfund (x).

20. (Lnr. 23 § 1) Der Herr darf die Belehnung nur einem Lehensunfähigen, einem Reichsächter, einem Verfesteten oder einem, den er wegen einer Straftat vor dem Richter des Landes verklagt hat, während der Vorladungsfrist verweigern. Dem Reichsächter steckt ein Schwert mit einer Krone als Knauf, dem Verfesteten ein gewöhnliches Schwert im Hals; der Bauer vertritt die Heerschildlosen. Anstelle des verklagten Missetäters zeigt das Bild »des Landes Richter«, zu dessen Füßen ein umgestürzter Schild das während der Vorladungsfrist suspendierte Lehnrecht des Angeklagten bedeutet.

21. (Ldr. III 78 §§ 1, 2) Rechts: Das gegenseitige Treue-verhältnis zwischen Lehnsherrn und Lehnsmann hat seine Grenzen. So dürfen der König und jeder Richter über Hals und Hand jedes ihrer Mannen richten, ohne damit gegen ihre Treuepflicht zu verstoßen, während umgekehrt ein Lehnsmann sich rechtswidrigem Verhalten seines Herrn, auch wenn es der König ist, widersetzen darf. Links: Dieses Widerstandsrecht, dargestellt in dem Mann mit dem blanken Schwert über der Schulter, geht – jedenfalls nach Ansicht des Malers – so weit, daß dem König die Krone genommen, daß er abgesetzt werden darf.

22. (Ldr. III 60 § 2) In jeder Reichsstadt, in die der König kommt, ist ihm das Münzregal ledig. Der Münzmeister übergibt dem König geprägte Münzen. Über der Schulter trägt er den Münzhammer. Drei Münzen liegen auf dem Unterstempel.

23. (Ldr. II 61 § 1) Gott verleiht dem neu geschaffenen und daher noch nackten Menschen freie Jagd und Fischfang.

24. (Ldr. II 61 § 2) Es gibt in Sachsen jedoch drei »Bannforsten« (die drei Bäume), in denen der König dem Wild Frieden gewirkt hat.

22-24

25. (Ldr. II 66 § 1) Befriedete Personen. Königsfrieden genießen zu jeder Zeit Geistliche, Mädchen und Frauen und Juden an ihrem Vermögen und an ihrem Leben. Der König weist auf die Lilie, das Friedenssymbol. Vor ihm stehen ein Mönch und ein Weltgeistlicher, eine Frau (mit Haube), ein Mädchen und ein Jude.

26. (Ldr. II 66 § 1) Befriedete Orte. Dauernden Frieden haben ferner Kirchen, Pflüge und Mühlen sowie die auf dem Bild nicht vorkommenden Kirchhöfe, Dörfer innerhalb ihres Grabens und Zaunes und des Königs Straße zu Wasser und zu Lande.

27. (Ldr. II 66 § 2) Befriedete Zeiten. Schließlich gibt es allgemeine Friedenstage, zu denen der Donnerstag, der Freitag, der Sonnabend und der Sonntag jeder Woche gehören, und zwar der Donnerstag unter anderem deshalb, weil Gott an diesem Tage Christus zum Himmel führte und uns damit den Weg dorthin öffnete (Bild).

25-27

28. (Ldr. II 66 § 2) Am Freitag schuf Gott den Menschen und erlitt am Freitag um seinetwillen den Kreuzestod.

29. (Ldr. II 66 § 2) Am Sonnabend ruhte Gott nach seiner Marter im Grabe. An diesem Tage werden auch die Geistlichen geweiht.

30. (Ldr. II 66 § 2) Der Sonntag wird der Tag des Jüngsten Gerichts sein. Das Bild zeigt den Weltenrichter auf dem apokalyptischen Regenbogen, die Weltkugel in der linken Hand, mit der Rechten die Auferstandenen segnend. Die Verdammten kommen im Text nicht vor und fehlen daher auch auf dem Bild.

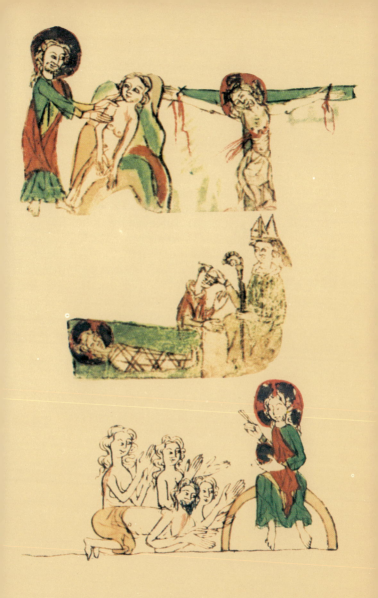

28-30

31. (Ldr. III 2) Geistliche und Juden dürfen keine Waffen führen, da sie unter dem Schutz des Königsfriedens stehen. Auf dem Bild verstoßen beide gegen diesen Rechtssatz.

32. (Ldr. III 7 § 3) Erschlägt ein Christ einen Juden (links im Bild), so wird er verurteilt, weil er den Königsfrieden an ihm gebrochen hat. Auf Grund des Urteils ist der christliche Totschläger hingerichtet worden.

33. (Ldr. II 71 § 2) Während eines geschworenen Friedens darf man – von Schwertern abgesehen – Waffen nur zum Reichsdienst und zum Turnier führen. Der Voranreitende, an seinem grünen Herrenkleid als Ritter kenntlich, reitet zum Turnier. Sein Handpferd trägt den Turnierhelm. Der nachfolgende Reiter mag zum Reichsdienst reiten. Die fehlenden Waffen soll sich der Betrachter des Bildes wohl ebenfalls auf einem aus Platzmangel nicht ausgeführten Handpferd denken.

34. (Ldr. III 9 § 2) Wer den Frieden bricht, den er für sich selbst gelobt hat, dem »geht es an den Hals«. Die linke der beiden Figuren im gelb-grün geteilten Rock gelobt dem gleichgekleideten Partner den Frieden »für sich selbst«, bekundet aber mit der geknickten Lilie, daß sie diesen Frieden zu brechen beabsichtigt. Der Partner zeigt warnend auf den Gerichteten. Die rot gekleidete Nebenfigur deutet mit »Fingerzeig« dem Henker neben ihr an, daß der vor ihr stehende Friedensbrecher sein nächstes Opfer sein wird.

35. (Ldr. II 69) Wer einen Friedensbrecher tötet oder verwundet, bleibt straflos, wenn er selbsiebt bezeugt, daß er ihn auf der Flucht oder auf frischer Tat angetroffen hat. Links trifft den fliehenden Friedensbrecher der Schwerthieb des Verfolgers, der sich (rechts) mit seinen sechs Eideshelfern vor dem Richter freischwört.

36. (Ldr. II 64 §§ 1-3) Das Gerüft ist zur Einleitung des Gerichtsverfahrens erforderlich, wenn Frau oder Jungfrau wegen Notzucht klagen, wenn jemand einen Dieb oder Räuber mitsamt seiner Beute vor Gericht bringt und bei der Klage mit dem Toten. Das Bild zeigt diese drei Fälle.

34-36

37. (Ldr. II 71 § 3) Das auf der Friedensordnung beruhende Waffenverbot (s. o. Bild Nr 33) gilt nicht, wenn das Gerüft erhoben wird, dem alle Waffenfähigen, soweit sie mündig sind, zu folgen haben. Der Burgbewohner hat das Gerüft geschrien, die Bauernschar ist ihm gefolgt. Die Spieße der beiden letzten in der Gruppe sind abgeknickt, damit sie nicht in den Text hineinragen.

38. (Ldr. III 68 § 1) Wenn eine zum Abriß verurteilte Burg geschleift werden soll, soll zuerst der Richter drei Schläge mit einem Beil tun. Links beginnt bereits der Abbruch.

39. (Ldr. III 68 § 2) Die Eingesessenen des Gerichtsbezirks sind zur Mitwirkung beim Schleifen der Burg verpflichtet, wenn sie mit Gerüft dazu geladen werden. Es darf kein Feuer angelegt werden. Holz und Steine dürfen nicht fortgeschafft werden.

37-39

40. (Ldr. III 66 § 3) Umgibt man einen Hof mit einer Mauer, so darf sie keine Zinnen tragen und nur so hoch sein, wie ein Mann vom Pferd aus reichen kann. Der »Hof« steht rechts im Bild. Die Mauer ist in zweierlei Hinsicht verbotswidrig: Erstens trägt sie Zinnen, zweitens ist sie höher, als der Reiter in der nächsten Bildzeile selbst mit seinem Schwert reichen kann.

41. (Ldr. III 66 § 4) Eine auf Grund eines Gerichtsurteils geschleifte Burg, die ohne des Richters Erlaubnis nicht wieder aufgebaut werden darf, wird mit seiner Zustimmung wiederhergestellt.

42. (Ldr. III 10 § 1) Der Mann im rot-grün geteilten Rock hatte sich, wie Ldr. III 9 §§ 1 u. 3 es vorsieht, dafür verbürgt, dem Gericht einen Missetäter vorzuführen, der jedoch vor dem Ladungstermin gestorben war. Entsprechend dem zum Bild gehörenden Rechtssatz entledigt er sich seiner Bürgschaft dadurch, daß er den Leichnam vor den Richter bringt.

40-42

43. (Ldr. III 90 § 1) Wer auf dem Felde einen von Unbekannten Erschlagenen findet und ihn mit Wissen der Dorfnachbarn begräbt, begeht keine Straftat.

44. (Ldr. III 90 § 2) Wenn man die »Klage mit dem Toten« bereits eingeleitet hat, darf man einen erschlagenen Verwandten nur mit Erlaubnis des Richters beerdigen. Der Richter auf dem Bild untersagt die Beerdigung, weil das Verfahren noch nicht abgeschlossen ist.

45. (Ldr. III 46 § 2) Einer einzigen Wunde wegen kann man nicht mehr als nur einen Mann beschuldigen, doch kann man mehrere Leute »rates unde helfe«, d. h. der Beihilfe bezichtigen.

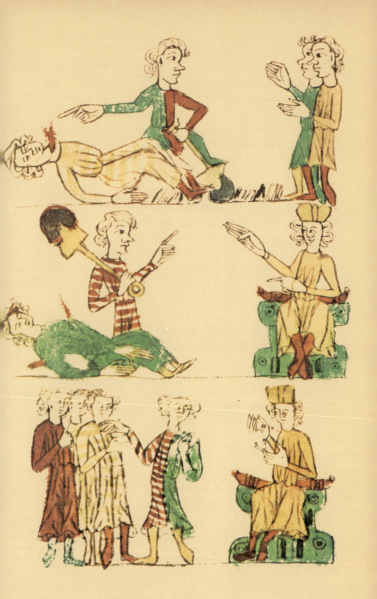
43-45

46. (Ldr. III 78 § 7) Der von den zwei Männern rechts im Bild mit dem Speer Angegriffene flüchtet sich zu dem berittenen Burgherrn und bittet ihn kniefällig um Schutz. Zur Verteidigung des Verfolgten zieht der Burgherr sein Schwert gegen die Angreifer. Seine Treuepflicht gegen sie verletzt er damit jedoch nicht, obgleich sie seine »Magen« (Verwandten) oder Mannen sind, weil er in Notwehr handelt. Das gleiche gilt für den Mann im grün-weiß gestreiften Rock, den »wegevertigen gesellen« des Bedrohten, dem der Maler zur Bezeichnung der Notwehrsituation ein Tuch über den linken Arm gelegt hat.

47. (Ldr. II 68) Der Reisende darf unterwegs seinem erschöpften Pferd auf fremdem Acker Korn schneiden, soweit er, mit einem Fuß auf dem Weg stehend, reichen kann.

48. (Ldr. III 37 § 3) Es ist kein Vergehen, wenn jemand abends das Vieh seines Nachbarn in seinen Stall eintreibt und morgens wieder hinaus, ohne dies abzuleugnen und ohne einen Nutzen daraus zu ziehen. Daß er nichts verheimlichen will, äußert der Bauer im Mittelfeld mit dem »Aufmerksamkeitsgestus«.

46-48

49. (Ldr. III 89) Wer irrtümlich fremde Sachen, z. B. ein Schwert, Becken oder Schermesser, aus der Badestube mitnimmt, ohne es zu verbergen (unvorholn), den kann man deshalb nicht des Diebstahls überführen. In der Badestube, einem Dampfbad, reiben Badende ihre Körper mit Badequasten, grünbelaubten Reisigbündeln. Der Mann im grünen Badelaken trägt beim Verlassen des Bades das fremde Schermesser offen vor sich her, zum Zeichen, daß er es »unvorholn« hält.

50. (Ldr. III 3) Geisteskranke können sich nicht strafbar machen. Für den von ihnen angerichteten Schaden haftet ihr Vormund. Der »tor«, mit Glöckchen und Schellen närrisch herausgeputzt, verletzt einen Menschen. Sein Vormund zahlt.

51. (Ldr. II 65 § 1) Ein unmündiges Kind kann nicht durch eine Straftat sein Leben verwirken. Tötet oder verletzt es jemanden, so muß sein Vormund – auf dem Bild im grün-weiß gestreiften Rock – aus dem Vermögen des Kindes das Wergeld des Verletzten zahlen.

49-51

52. (Ldr. III 3) Eine schwangere Frau darf nicht höher als »zu Haut und Haar« gestraft werden. Die Frau ist an die Staupsäule gebunden, während ihr das Haar geschoren und die Haut mit einem Rutenbündel blutig geschlagen wird.

53. (Ldr. III 7 § 4) Der Jude hat verbotswidrig christliche Kultgegenstände (einen Kelch und ein Buch) erworben und keinen Gewährsmann dafür benennen können. Infolgedessen wird er als Dieb gestraft. Die Vollstreckung erfolgt auf dem Bild an einem sehr altertümlichen Gabelgalgen.

54. (Ldr. III 50) Ein »Deutscher« hat mit einer Straftat seine Hand verwirkt. Den »Deutschen« vertritt hier der »Sachse«.

52-54

55. (Ldr. III 1 § 1) Ein Gebäude, in dem Notzucht verübt wurde, soll zerstört werden und alle Lebewesen, die bei der Tat zugegen waren, soll man enthaupten.

56. (Ldr. III 63 §§ 2 u. 3) Der Kirchenbann schadet zwar der Seele (die auf der rechten Seite des Bildes sogleich der Teufel holt, nachdem der Priester den Bann ausgesprochen hat), nimmt aber dem Gebannten nicht das Leben und sein Recht, falls nicht die Reichsacht auf den Bann folgt. Sein Leben dagegen, wenn auch ebenfalls nicht sein Recht, verliert, wer in der Verfestung ergriffen wird: linke Bildhälfte.

57. (Ldr. III 23) Es ist verboten, einen Verfesteten zu beherbergen und zu speisen, wie es der Mann links im Bild tut. Rechts daneben schwört er sich vor dem Richter frei, weil er von der Verfestung seines Gastes nichts gewußt hat.

55-57

58. (Ldr. III 16 § 3) Reichsächtern und Verfesteten braucht niemand vor Gericht zu antworten. Reichsächter und Verfesteter sind wieder an den Schwertern im Hals erkennbar. Der Beklagte verweigert die Antwort mit »Weigerungsgebärde«.

59. (Ldr. III 34 § 1) Der König überreicht dem Reichsächter, der dem Hof sechs Wochen lang (VI) gefolgt ist, die Urkunde, mit der er aus der Acht entlassen wird. Der Ächter schwört dagegen, sich innerhalb von 2 Wochen (II) dem Gericht zu stellen, das ihn verfestet und dann in die Reichsacht »gebracht« hat. Dies Gericht ist durch den hinter ihm stehenden Fronboten (im weiß-grün-rot gestreiften Rock) und den Kläger vertreten. Beide versprechen mit Gelöbnisgebärde, den dem Ächter vom König gewirkten Frieden zu halten.

60. (Ldr. III 88 § 3) »Setzung« eines Verfesteten, der seine Verfestung geleugnet hat. Der Richter bezeugt sie, indem er mit dem Finger auf sich selber deutet. Der Kläger leistet seinen Eid nach feststehendem Ritus; er legt dazu zwei Finger auf den Kopf des Gesetzten. Nach ihm sollen seine Eideshelfer schwören. Sie stehen deshalb im Bild hinter ihm und berühren – gleichfalls in Übereinstimmung mit tatsächlichem Rechtsbrauch – mit ihren Schwurfingern den Arm des Klägers, um zu bezeugen, daß der Eid rein ist.

58-60

61. (Ldr. III 88 § 4) Etwas anders ist das Ritual des »Über-
schwörens« hier dargestellt, wo es sich bei dem »Gesetzten« um einen auf der handhaften Tat ergriffenen Verbrecher handelt. Der Kläger stellt das Reliquiar auf den Kopf
des Gesetzten und schwört darauf. Das entspricht Richtsteig Landrechts 32 § 10, 35 § 6. Wieder steht der Zeuge
des Klägers im Bild hinter ihm, weil er nach ihm zum
Schwur kommt.

62. (Ldr. III 26 § 1) Links: Der König ist überall Richter. –
Rechts: Ein schöffenbarfreier Mann braucht sich in einem
auswärtigen Gericht nicht zum Zweikampf zu stellen.
Dies drückt der Schöffenbarfreie dadurch aus, daß er dem
zum Kampf gerüsteten Gegner und dem Richter den Rük-
ken kehrt.

63. (Ldr. III 60 § 3) Wenn der König zum ersten Mal ins
Land kommt, müssen ihm alle noch nicht abgeurteilten
Gefangenen zur Durchführung ihres Gerichtsverfahrens
vorgeführt werden, sobald er sie durch seine Boten vor
sein Gericht fordert. Im Bild steht links der Königsbote
vor einer Burg und befiehlt (Befehlsgestus), einen nicht
sichtbaren Gefangenen vor das Hofgericht zu bringen. Ein
anderer Gefangener, an den Beinen mit einer Kette gefes-
selt und von seinem Begleiter am Arm festgehalten, steht
bereits vor dem König und trägt mit lebhaften Gebärden
seine Sache vor.

61-63

64. (Ldr. III 33 §§ 1 u. 2) Vor dem Reichshofgericht hat jedermann seinen Gerichtsstand. Ein Sachse, ein Franke, ein Thüringer und eine Frau, die die Schwaben repräsentiert, stehen vor dem königlichen Richter; Sachse, Franke und Schwäbin weisen auf sich selber um auszudrücken, daß vor dem Königsgericht jeder von ihnen nach eigenem Stammesrecht zu antworten hat. Nur der Thüringer zeigt auf einen der vor ihm Stehenden (wahrscheinlich ist im Hinblick auf Ldr. III 44 § 3 der Sachse gemeint): Er lebt nach dessen Recht.

65. (Ldr. III 33 §§ 3-5) Der Beklagte im grünen Rock mit gelben und roten Streifen hat unter seinen Füßen den Boden, auf dem er geboren ist. Nur auf diesem braucht er sich zum gerichtlichen Zweikampf zu stellen. Deshalb wendet er dem kampfbereiten Kläger, der in einem anderen Lande steht, den Rücken, d. h. er weist seine Forderung zum Zweikampf ab. Über sein Grundeigentum darf auch im Königsgericht nur nach dem Recht des Landes entschieden werden, in dem das Grundstück liegt. Diese Aussage macht er mit den Zeigegesten auf das Ährenfeld einerseits und den König andererseits.

66. (Ldr. III 87 § 1) Wer einen anderen vor dem unzuständigen Gericht verklagt, haftet für den Schaden, der dem Beklagten daraus entsteht. Unzuständig ist hier der geistliche Richter. Der Kläger zahlt dem Beklagten Buße und dem zuständigen Grafen das Gewette.

64-66

67. (Ldr. III 64 § 5) Der König überträgt einem Grafen den Gerichtsbann. Da diese Bannleihe im Gegensatz zu einer Verleihung nach Lehnrecht »ohne Mannschaft« erfolgt, bringt der Maler hier ihren Vollzug durch die »Handreichung«, die Gebärde des vertraglichen Gelöbnisses, zum Ausdruck.

68. (Ldr. III 69 § 1) »Wo man bei Königsbann Gericht hält, da dürfen weder Schöffen noch Richter Kappen, Hüte, Hütlein oder Hauben tragen noch Handschuhe anhaben. Sie sollen Mäntel auf den Schultern haben und müssen ohne Waffen sein.« Die Schöffen mit Mänteln um die Schultern sitzen links auf der Schöffenbank. Hinter dem Richter der Schultheiß.

69. (Ldr. III 69 § 2) »Urteil finden sollen sie nüchtern über jedermann, er sei deutsch oder wendisch, eigen oder frei.« Die vier grünen Rosen symbolisieren das Urteil. Es ist über die unter ihm Knienden gefunden. Die vorderste der vier Gestalten, der Sachse, vertritt die Deutschen im Ganzen, die »Freien« werden durch den »Franken« repräsentiert. Es folgt der Wende. Die letzte Figur ohne nähere Kennzeichnung soll wohl für die Eigenleute stehen.

70. (Ldr. III 69 § 3) Die Schöffen sollen auf der Schöffenbank sitzend Urteil finden. Das Bild zeigt die »Urteilsschelte«. Der Schelter muß sich den Platz des Schöffen,
dessen Urteil er angegriffen hat, auf der Schöffenbank
ausbitten und von dort aus ein neues Urteil finden.

71. (Ldr. III 71 § 1) Fremdsprachige Angeklagte, die kein
Deutsch verstehen, können verlangen, daß ihre Muttersprache als Verhandlungssprache neben Deutsch vor Gericht zugelassen wird. Das Bild gibt diesen Inhalt des
Rechtssatzes insofern nicht richtig wieder, als Kläger
(rechts, mit seinem Vorsprecher) und Beklagter (links mit
Vorsprecher) beide Wenden, also fremdsprachig sind,
während es an dieser Stelle gerade auf die Sprachverschie-
denheit ankommt. Der Beklagte lehnt es mit der Antwort-
verweigerungsgebärde ab, auf die vom Kläger vorge-
brachte Anschuldigung einzugehen.

72. (Ldr. II 63 § 1) Frauen können nicht Vorsprecher sein
oder ohne Vormund klagen, weil einst »Calofornia« sich
vor dem Königsgericht ungehörig benommen hat, als sie
ohne Vorsprecher ihren Willen nicht durchsetzen konnte.
Das ungehörige Benehmen der Calofornia drückt sich in
dem seltsamen Haarpinsel an ihrer Rückseite aus, für den
sich die Erklärung im Schwabenspiegel findet, wo es Ldr.
245 heißt, daß sie »den kunic beschalt und den kunic die
hinder schamme lie sehen«.

70-72

73. (Lnr. 19 § 1) Der Fürsprecher muß Gewette zahlen, wenn sich die Partei nicht zu seinem Wort bekennt, sofern er nicht schwören kann, daß er sich genau an seinen Auftrag gehalten habe. Dies beschwört der Vorsprecher auf dem Bild mit einer Hand »auf den Heiligen«, während er mit einer zweiten auf seinen Mund und mit einer dritten auf seinen Auftraggeber deutet, um zu sagen, daß er sich genau an dessen Worte gehalten habe, was dieser aber bestreitet, indem er sich den Mund zuhält und sich halb von ihm abwendet.

74. (Ldr. III 61 § 1) In Abständen von je 18 Wochen (XVIII) muß der Graf sein Gericht ansetzen an echter Dingstätte, wo der Schultheiß, die Schöffen und der Fronbote zugegen sein sollen. Auf dem Bild sitzt der Schultheiß hinter dem Richter; der Mann mit der Peitsche ist der Fronbote, und die Schöffen sind mit Rücksicht auf Ldr. III 69 § 2 in sitzender Stellung (vgl. Nr 70), wenn auch ohne Schöffenbank dargestellt.

75. (Ldr. III 61 § 4) Beim Gericht sollen alle Dingpflichtigen von Sonnenaufgang bis Mittag anwesend sein, wenn auch der Richter zugegen ist. Die Tageszeiten sind durch die unterschiedliche Stellung der Sonnenfigur angedeutet.

73-75

76. (Ldr. III 25 § 1) Der Nachfolger des verstorbenen Richters darf Gerichtszeugnis über das ablegen, was während der Amtszeit seines Vorgängers geschehen ist und ihm durch das Zeugnis der Schöffen nachgewiesen wird. Vier Schöffen unterrichten den neuen Richter unter Eid von den Vorgängen.

77. (Ldr. III 5 § 5) Stirbt ein verpfändetes Tier ohne Verschulden des Pfandbesitzers und beweist er das (»bewiset hez«) unter Eid, so braucht er keinen Schadensersatz zu leisten. »Bewisen« ist hier im Sinne von »durch Vorzeigen beweisen« (leibliche Beweisung) zu verstehen; es genügt nach Ldr. III 10 § 3, die Haut vorzulegen.

78. (Ldr. III 21 § 1) Anwendung des Gottesurteils der Wasserprobe für den Fall, daß zwei Parteien auf dasselbe Gut Anspruch erheben. Links schwören die Parteien, daß sie richtig angeben, inwieweit ihnen das umstrittene Grundstück gehört.

76-78

79. (Ldr. III 45 § 1) Die sitzende Figur ist ein Reichsfürst. Die Fahne in seiner Hand bedeutet, daß er ein Fahnlehen hat (s. Nr 9). Auf einem Zahlbrett werden ihm 12 (goldene) Pfennige vorgelegt, die ihm als Buße zustehen. Die römische Ziffer bedeutet 18 Pfund, das Wergeld eines Fürsten.

80. (Ldr. III 45 § 1) Die Bußtaxe der Schöffenbarfreien beträgt 30 Schillinge (XXX), die den 12 Goldpfennigen der Fürsten gleichstehen. Auch sie haben ein Wergeld von 18 Pfund.

81. (Ldr. III 45 §§ 4 u. 5) Der »Biergelde«, dem eine Buße von 15 Schillingen (XV) und 10 Pfund (X) als Wergeld zukommen, ist als Bauer dargestellt. Als besonderes Kennzeichen ist ihm wegen der Klangähnlichkeit des Namens eine »Biergelte«, ein Schöpfkübel beigegeben. Die drei Ährenbüschel zu den Füßen des Biergelden stehen für »weniger als drei Hufen Land«. Unter den Biergelden mit Grundbesitz dieser Größe kann der Fronbote gewählt werden.

79-81

82. (Ldr. III 44 § 3) Nach ihrer Herkunftssage, wie Eike sie in Ldr. III 44 kurz erzählt, waren die Sachsen einst im Heere Alexanders des Großen gewesen und hatten ihm bei der Eroberung Asiens geholfen. Nach seinem Tode fuhren sie auf dreihundert Schiffen davon, von denen vierundzwanzig »her zu lande« kamen. Sie erschlugen die thüringischen Herren, wie das Bild zeigt, und belehnten die Bauern mit Land (die Übergabe von Zweigen rechts im Bild). Davon kam der Stand der »Lassen« her, aus denen wiederum durch Rechtsverwirkung die »tageworchten« entstanden.

83. (Ldr. III 45 § 6) Landsassen, »die kommen und fahren in Gastes Weise« und kein Grundeigentum im Lande haben, sind den Biergelden in Buße und Wergeld gleichgestellt. Das ständige Attribut des Landsassen in den Bilderhandschriften des Sachsenspiegels ist das Fahrgestell. – Ein Paar wollene Handschuhe und eine Mistgabel sind die Buße des »tageworchten«.

84. (Ldr. III 42 § 1) In Artikel 42 setzt sich Eike mit dem Ursprung der Unfreiheit des Menschen auseinander. Er geht aus von dem Satz, daß Gott den Menschen ohne Ansehen des Standes geschaffen und durch seinen Kreuzestod erlöst hat.

82-84

85. (Ldr. III 42 § 2) Dienstmannenrecht kann Eike nicht darstellen, weil es infolge der historischen Zufälligkeit seiner Entstehung zu verschieden ist. Mit Befehls- und Aufmerksamkeitsgestus setzen der Bischof, der Abt und die Äbtissin ihren vor ihnen stehenden Dienstmannen ihr besonderes Recht.

86. (Ldr. III 42 § 3) Rechts: Einige sagen fälschlicherweise, Leibeigenschaft sei durch Kain entstanden, der seinen Bruder erschlug. Kain, nach Genesis 4,2 »ein Ackermann«, daher die Garbe über seinem Kopf, erschlägt mit einem Rechen seinen Bruder Abel, der »ein Schäfer« war, worauf der Kopf eines Schafes über seinem Haupt hinweist. – Links: Andere führen die Knechtschaft auf Noah zurück, der zwei seiner Söhne segnet – sie stehen auf dem Bilde mit einer Gebärde der Ehrerbietung vor ihm. Seinem Sohn Ham kehrt Noah, in der Arche sitzend, den Rücken, da er ihn von dem Segen ausschließt. Von Knechtschaft ist mit Bezug auf ihn nicht die Rede.

87. (Ldr. III 42 § 3) »Sodann heißt es«, sagte Eike, »Leibeigenschaft komme von Ismael« (dem Sohn Abrahams und seiner Magd Hagar). Doch auch das findet keine Stütze in der Heiligen Schrift. Das Bild (links) erinnert an Gen. 21,18. Dort spricht der Engel des Herrn zu Hagar, die sich mit ihrem Sohn in der Wüste verirrt hat: »Steh auf, nimm den Knaben und führe ihn an deiner Hand«. – Der rechte Teil des Bildes zeigt Isaac mit seinen Söhnen Esau und Jakob (Gen. 25, 25; 27). Der Blinde Isaac segnet Jakob, der ihm das geforderte Essen reicht. Hinter ihm steht Esau, der »Rauhe«, mit behaartem Gesicht. Auch auf ihn kann man, wie einige es tun, die Knechtschaft nicht zurückführen.

85-87

88. (Ldr. III 42 § 4) Ein weiterer Beweis dafür, daß Unfreiheit ihren Ursprung nicht von Gott oder aus der Heiligen Schrift haben kann, ist folgender: Gott ruhte am siebenten Tage – die Sonne mit den sieben Punkten –, die siebente Woche gebot er auch zu halten – »sieben Wochen« bedeutet der Kreis, der sieben kleine Kreise mit je einer I umschließt. Das gleiche gilt für den siebenten Monat – die sieben Monde im Kreis – und das siebente Jahr – die VII im Kreis –, das »Jahr der Befreiung«. Da sollen auch die in Knechtschaft Geratenen frei gelassen werden, wenn sie es wollen.

89. (Ldr. III 42 § 4) Im fünfzigsten Jahr muß jeder frei sein, ob er will oder nicht. In dem Kreise links gebietet Gott den Juden, das 50. Jahr (L) zu halten. Daneben schiebt ein Gefangenenwärter einen Gefangenen, dessen Ketten er zerbrochen hat, in die Freiheit hinaus. Bart und gebückte Haltung des Befreiten zeigen an, daß er in der Gefangenschaft alt geworden ist.

90. (Ldr. III 42 § 5) Schließlich gibt die Heilige Schrift ein weiteres Zeugnis für die ursprüngliche Freiheit des Menschen in der Versuchung Christi mit einer Münze. Das Bild weckt mit den Figuren des Versuchers, Christi und des Kaisers die Erinnerung an die biblische Erzählung (Matth. 22, 21; Mark. 12, 17 u. Luk. 20, 25) und den Text des Sachsenspiegels, worin es heißt, daß der Mensch, Gottes Ebenbild, nur Gott zugehörig ist, wie die Münze mit des Kaisers Bild dem Kaiser gehört.

88-90

91. (Ldr. III 42 § 6) Hier folgt die beschließende Antwort auf die mit pro et contra ausführlich erörterte Frage: Unfreiheit kommt von Zwang, von Gefangenschaft und von unrechter Gewalt, die, zunächst rechtswidrige Gewohnheit, jetzt für Recht gelten soll. In dem Gefangenen auf dem Bild sind die drei Ursprungselemente der Unfreiheit versinnbildlicht. Der »Herr« betont die Leibeigenschaft, indem er den Gefangenen am Halsausschnitt faßt (s. a. Nr 92), und der Aufmerksamkeitsgestus gilt seiner Auffassung, daß dies Recht sei.

92. (Ldr. III 32 § 7) Der Mann im gelb und grün gestreiften Rock begibt sich freiwillig in die Leibeigenschaft, indem er sich die Hände als Zeichen der Ergebenheit auf die Brust legt und sich vor dem Herrn verbeugt, der ihn vorn am Kragen seines Rockes erfaßt und ihn damit symbolisch als Eigenmann annimmt. Der Erbe erklärt gemäß dem Rechtssatz dieses Paragraphen seinen Widerspruch gegen den Entschluß seines künftigen Erblassers, indem er diesen am Oberarm zurückzuziehen sucht. Die Szene spielt sich vor Gericht ab.

93. (Ldr. III 73 § 1) Die Jungfrau mit dem Schiff als Attribut der Schöffenbarfreien wird von einem Geistlichen mit einem Biergelden vermählt. Die Kinder aus dieser Ehe folgen dem niedrigeren Stande des Vaters.

91-93

94. (Ldr. III 45 § 9) Pfaffenkinder und unehelich Geborene erhalten als Buße ein Fuder Heu, wie es zwei jährige Ochsen zu ziehen vermögen.

95. (Ldr. III 45 § 9) Spielleuten und allen, die sich in Leibeigenschaft begeben, gibt man als Buße den Schatten eines Mannes. – Berufskämpfern und ihren Kindern kommt das Blinken eines gegen die Sonne gehaltenen Schildes als Buße zu. Über dem Kind des Berufskämpfers schwebt der Sonnenreflex vom Kampfschild des Vaters.

96. (Ldr. III 45 § 9, 46 § 1) Zwei Besen und eine Schere sind die Buße desjenigen, der durch eine Missetat rechtlos geworden ist. – Auch an fahrenden Frauen und an der eigenen Geliebten (»an siner amyen«) kann man unter Umständen Notzucht begehen und damit sein Leben verwirken.

94-96

97. (Lnr. 20 § 1) Als lebendig geboren gilt das Kind, wenn man seine Stimme an den vier Wänden des Hauses hört. Damit fällt auch dem nach des Vaters Tode geborenen Sohn das väterliche Lehen als Erbe an. Auf dem Bild trägt die Mutter den Witwenschleier. Die Halbfiguren in den Ecken sind Bildchiffren für die Aussage, daß »man die Stimme des Kindes an den vier Wänden hört«. Die Mutter unterstreicht dies mit ihren Zeigegesten.

98. (Ldr. III 27) Auf dem Bild wird eine wegen eines Ehe-hindernisses nichtige Ehe von einem Geistlichen aufge-löst, indem er den Ehemann von Frau und Kind fort-schiebt. Nach dem Rechtssatz schadet dies dem vor der Scheidung geborenen Kinde, das neben dem Geistlichen steht, und dem, das die Mutter bei der Scheidung »trägt« in ihrer ehelichen Rechtsstellung nicht. Die Schwanger-schaft der Mutter, die der Text meint, ist im Bild umge-deutet: Die Mutter trägt das Kind auf dem Arm.

99. (Ldr. III 73 § 3) Eheschließung einer wendischen Frau mit einem Wenden. Der Verlobte reicht der Braut den Trauring. Die Wendin zahlt ihrem Herrn die »bumiete«, einen Heiratszins für die Erteilung der Heiratserlaubnis.

97-99

100. (Ldr. III 74) »Scheidung« einer Ehe. Die Frau behält ihr Leibgedinge und das Gebäude, das darauf steht. Der halbe Schild am Hausgibel bedeutet ihr eingebrachtes Gut, das ihr ebenso verbleibt wie auch die »Gerade«, die durch die Schere in ihrer Hand symbolisiert ist. Vom Mannesgut bekommt sie, was ihr bei der Eheschließung versprochen worden war. Der Mann reicht es ihr in einem Beutel hin. Das Kind im Arm der Frau kommt im Text nicht vor.

101. (Lnr. 20 § 3) Die Lehensmannen des verstorbenen Vaters weigern sich mit Recht, von seinem unebenbürtigen Sohn die angebotene Lehnserneuerung anzunehmen. Die fehlende Ebenbürtigkeit ist durch den umgekehrten Schild am Arm des Sohnes und durch seine bäurisch-groben Gesichtszüge ausgedrückt.

102. (Ldr. III 72) Das eheliche und freie Kind behält seines Vaters Heerschild und das Erbe der – im Bilde nach dem Vater verstorbenen – Mutter, wenn es ihr ebenbürtig ist. Das »Behalten« (hier im Sinne von »bekommen«) des Grundstückserbteils wird durch das Umfassen der Ähren ausgedrückt.

100-102

103. (Ldr. II 20 § 1) Vollbürtige Geschwister haben im Erbrecht den Vorrang vor halbbürtigen. Die vollbürtigen (»ungezweiten«) Geschwister sind als eine Person mit zwei Köpfen, die halbbürtigen (»gezweiten«) als zwei Personen dargestellt. Auch hier bedeutet das Umfassen der Ähren den Besitz des Rechtsanspruchs auf das Erbteil.

104. (Ldr. III 15 § 2) Wer sich zu Unrecht weigert, Heergewäte, Gerade oder Erbe herauszugeben, muß Gewette und Buße zahlen. Der Mann in der Mitte des Bildes zahlt an den Richter das Gewette, an den Berechtigten Buße. Die Gerade ist durch eine Schere, das Heergewäte durch ein Schwert dargestellt, das Erbe, als Grundstück gedacht, durch Ähren.

105. (Ldr. III 29 § 2) Bei der Erbteilung soll der Ältere teilen, der Jüngere wählen. Der Bärtige ist der Ältere, der Jüngere wartet mit »Unfähigkeitsgestus« die Teilung ab.

103-105

106. (Ldr. III 38 § 5) Der Witwer steht mit Trauergestus vor seiner verstorbenen Frau. Eine Verwandte der Frau (»ir niftele«), die ihre Gerade geerbt hat, muß dafür das Bett des Mannes so ausstatten, wie er es zu Lebzeiten seiner Frau hatte, für den Tisch ein Tischtuch hergeben, für den Stuhl ein Kissen.

107. (Ldr. III 76 § 2) Hat ein Mann eine Witwe geheiratet und stirbt diese, bevor sie den Nachlaß ihres ersten Mannes mit den Kindern geteilt hat, so bekommt der zweite Mann ihre ganze Fahrhabe außer Gebäuden und der Geraden. Die Fahrnis der Frau ist auf dem Bild durch die Köpfe von Haustieren und zwei Kornhaufen ausgedrückt. Der gespaltene Schild, den der hinterbliebene Mann und die Kinder der Verstorbenen anfassen, bedeutet die Erbteilung.

108. (Ldr. III 81 § 2) Ein Dienstmann erbt und vererbt nicht außerhalb des Herrschaftsbereichs seines Herrn, »buzen sines herren gewalt«, die durch die beiden Bögen versinnbildlicht wird. Links »vererbt« der Dienstmann sein Grundstück (Ähren), doch hat der Maler unterstellt, daß er »binnen sines herren gewalt« keinen Erben hat. Deshalb hält der Herr, damit sein Heimfallsrecht andeutend, die Hand auf, um das Erbteil in Empfang zu nehmen. – Rechts nimmt der Dienstmann als Erbe das Gut an sich; der Herr versteckt die linke Hand, weil nicht er etwas bekommt.

106-108

109. (Ldr. III 40 § 2) Wer Geld schuldet und dafür Wertgegenstände (gewerde) bietet, kann sich damit seiner Schuld nur entledigen, wenn diese Ersatzleistung ausdrücklich vereinbart ist. Der Schuldner bietet dem Gläubiger ein Pferd, ein Kleid und ein goldenes Deckelgefäß anstelle der Geldschulden an.

110. (Ldr. III 41 § 1) Das Versprechen eines Gefangenen, in der Gefangenschaft abgegeben, ist rechtlich unwirksam. Das Gelöbnis, hier durch den Eid des Gefangenen auf die Reliquien ausgedrückt, wird auf dem Bild entgegen dem Text mit Morddrohung erzwungen.

111. (Ldr. III 39 § 1) Der insolvente Schuldner kann dem Gläubiger durch Gerichtsurteil in die Schuldknechtschaft überantwortet werden. Der Gläubiger darf den Verknechteten für sich arbeiten lassen (die Mistgabel) und ihm auch eine Fessel anlegen (Kette an den Beinen); im übrigen aber muß er ihn beköstigen und wie sein eigenes Gesinde halten.

112. (Ldr. III 90 § 3) Nimmt jemand einen Schwerverletzten in seinem Hause auf, dann wird er nicht zur Rechenschaft gezogen, wenn der Verletzte dort stirbt. Von dem Erben kann er Ersatz seiner Aufwendungen verlangen. Links im Bild liegt der Verletzte noch lebend auf dem Schragen, rechts daneben ist er tot. Im Hause erstattet der Erbe die Unkosten.

113. (Ldr. III 5 § 3) Der Verwahrer haftet nicht, wenn die deponierte Sache durch Zufall untergeht. Eingestellt ist ein Pferd, das im Stall verbrennt. Der Verwahrer schwört vor dem Deponenten, daß ihn kein Verschulden trifft.

114. (Ldr. III 85 § 3) Schuldbürgschaft. Der Schuldner zahlt dem Gläubiger die Schuldsumme aus, seine drei Zeugen hinter ihm beschwören die Tilgung der Schuld. Der im Bild nicht auftretende Bürge wird dadurch frei. Die Gestalt ganz rechts mit dem Hut eines Schultheißen scheint hier nur als Verbildlichung des Begriffs »Schuld heischen« der Gläubigerfigur zur Verdeutlichung ihrer Bildfunktion beigefügt zu sein.

112-114

115. (Ldr. III 6 § 1) Der Knecht im roten Rock verspielt beim Würfelspiel (vortoppelt) »seines Herrn Gut«, ein gelbes Gewand. Der Herr fordert es vom Gewinner (im grün-weiß gestreiften Rock) mit dem Beweismittel des Eides »auf den Heiligen« als sein Eigentum zurück.

116. (Ldr. III 6 § 3) Was dem Knecht von seiner Habe im Dienst für den Herrn trotz gehöriger Sorgfalt durch Diebstahl oder Raub abhanden kommt, muß der Herr ihm ersetzen. Das Bild zeigt, wie ein Dieb das Pferd des Knechts, der außerhalb des Stalles schläft, entwendet, nachdem er die verschlossene Stalltür erst selber hatte öffnen müssen. Da der Knecht somit seine Sorgfaltspflicht nicht vernachlässigt hat, zahlt ihm der Herr Geldersatz für seinen Schaden.

117. (Ldr. II 21 § 5) Verleiht ein Herr einem Mann ein Gut ohne Vorbehalt, dann hat der Mann an den darauf befindlichen Gebäuden die gleichen Rechte wie bisher der Herr. Auf dem Bild braucht der Mann für den Belehnungsakt zwei Hände, eine dritte benötigt er, um durch Anfassen der Tür des Hauses von dem Gebäude Besitz zu ergreifen (traditio per ostium).

115-117

118. (Ldr. III 83 §§ 1 u. 2) Links: »Was man einem Mann oder einer Frau gibt, darauf sollen sie drei Tage lang sitzen (daz sullen si besiczen dri tage)«. Die rechtsförmliche Besitzergreifung durch die sessio triduana ist hier im Bilde dargestellt. Die Ähren bedeuten wieder ein Grundstück, die Sonne mit den drei Punkten die drei Tage. – Rechts: Der Veräußerer eines Grundstücks überreicht dem Erwerber als Auflassungssymbol einen Zweig. Die Zahl LII im Kreis und das Sonnenzeichen stehen für die Frist von »Jahr und Tag«; so lange muß der Veräußerer dem Erwerber Gewährschaft leisten.

119. (Ldr. III 83 § 3) Wer Grundeigentum ohne Auflassung oder Fahrnis verkauft, der hat dafür sein Leben lang die Gewährschaftspflicht. Muß er den Verkauf vor Gericht vertreten, dann muß ihm vorübergehend der Besitz eingeräumt werden. Auf dem Bild steht der Gewährsmann in der Mitte. Fahrhabe und Grundeigentum sind wieder durch Tierköpfe und Ähren ausgedrückt. Der liegende Menschenkopf bezeichnet das Lebensende des Gewährsmannes. Der Käufer (links) zahlt Geld, um das Kaufgeschäft anzudeuten. Die Besitzübertragung für die Vertretung vor dem Richter (rechts) ist durch die Übergabe des grünen Zweiges an den Gewähren symbolisiert.

120. (Ldr. II 49 §§ 1 u. 2) Die Dachtraufe muß so angebracht sein, daß das Wasser in den eigenen Hof läuft. Der Hof ist, wie im Bild, mit einem Zaun zu umgeben, wobei die Äste dem eigenen Hof zugekehrt sein müssen (Art. 50), was der Bauer hier sorgfältig befolgt.

121. (Ldr. II 51 § 1) Backofen (rechts), Abort und Schweinekoben sollen drei Fuß vom Zaun entfernt stehen.

122. (Ldr. II 52 §§ 1 u. 2) Überhangsrecht: Rankt der Hopfen über den Zaun, dann soll der, in dessen Hof er wurzelt, daran ziehen, wie es der Bauer auf dem Bild mit der linken Hand tut; »was ihm folgt, das ist sein«. Was auf der anderen Seite bleibt, gehört dem Nachbarn. – Äste eines Baumes dürfen nicht über den Zaun ins Nachbargrundstück hineinragen.

123. (Ldr. III 86 § 1) Wer sich durch Abpflügen (rechte Bildhälfte) oder Abgraben am Gemeindeland vergreift, muß drei Schillinge (= III x 12 Pfennige) Gewette zahlen, wenn er vor dem Bauernmeister verklagt wird. Der, der mit dem Spaten gegraben hat, verspricht einem Vertreter der Nachbarn mit der Gebärde der »Handreichung« die Zahlung.

121-123

124. (Ldr. III 86 § 2) Mit drei Schillingen leistet auch eine Bauernschaft der anderen Genugtuung und vergilt ihr ihren Schaden. – Die beiden Bauernschaften stehen einander gegenüber. Die Bauernmeister vereinbaren die Schadensersatzzahlung (wieder mit »Handreichung«), ohne daß ersichtlich wäre, wer hier Gläubiger, wer Schuldner ist.

125. (Ldr. II 54 § 5) Wenn ein Tier ein anderes aus der Herde in Gegenwart des Hirten verletzt, so muß dieser unter Eid das Tier angeben, das den Schaden angerichtet hat. Rechts im Bild steht der Eigentümer der verletzten Ziege.

126. (Ldr. II 54 § 5) Die Ziege ist verendet. Ihr »Wergeld« wird dem Geschädigten vom Eigentümer des Stieres ausbezahlt.

124-126

127. (Ldr. II 58 § 2) Die Fälligkeitstermine für Abgaben und Fruchterwerb, wovon in diesem Artikel die Rede ist, hat der Maler in Form eines Bauernkalenders dargestellt und die Bilder deshalb nicht in der Reihenfolge des Textes, sondern chronologisch angeordnet.

Das erste Bild soll an den Lämmerzehnt erinnern, der zu Walpurgis (1. Mai) fällig wird. Mit dem grünen Baum ist hier wohl ein Maibaum gemeint, der nach weitverbreiteter Sitte zu Walpurgis an Haus und Hof aufgepflanzt wurde.

Zu St. Urban (25. Mai) hat der Nutzungsberechtigte die Früchte von Obst- und Weingarten »verdient«, weil zu diesem Zeitpunkt die Frühjahrspflege beendet ist. Das Ende dieser Arbeit zeigt rechts der leere rote Arbeitskittel an.

Es folgt der Termin für den Fleischzehnt, der am Johannistag (24. Juni) fällig ist und im Bild durch ein Rind, ein Kalb, eine Ziege und einen Hahn dargestellt wird. Das Gebilde rechts ist vermutlich eine Johanniskrone.

Am St. Margarethentag (13. Juli) ist der Kornzehnt fällig. Wie in ihrer Legende fesselt die Heilige hier den Teufel. Hinter ihr liegt das Korn, »das vorher in Garben gesetzt ist«, wofür der Zehnt deshalb auch schon vorher als verdient gilt.

Kräuter- und Wurzelbündel auf dem nächsten Bild symbolisieren die Wurzmesse (15. August), den Fälligkeitstermin für den Gänsezehnt.

Am St. Bartholomäustag (24. August) »ist allerlei Zins und Pflege fällig«. Der Heilige trägt seine Haut, die ihm seiner Legende nach abgezogen wurde, auf einer Stange. »Zins und Pflege« befinden sich auf und neben dem Tisch.

127

128. (Ldr. II 58 § 2) Das Bild ist die Illustration zu dem Satz, daß Abgaben von Mühlen (rechts), Weingärten und Münzstätten an den festgesetzten Zinstagen fällig sind.

129. (Ldr. II 58 § 3) Rechts im Bild erhält ein soeben mündig gewordener Lehenserbe mit Kommendationsritus die Lehenserneuerung vom Lehensherrn. In der Mitte beschwört der Lehnserbe, »das Kind«, den Zeitpunkt seiner Mündigkeit, von dem es abhängt, ob ihm die Früchte des Gutes zustehen oder nicht. Wenn beispielsweise der Herr einen Weingarten bis St. Urbanstag hat bearbeiten lassen, so stehen ihm die Früchte zu, sofern das Kind bis zu diesem Zeitpunkt nicht mündig geworden ist. Rechts ist mit Weinstock und abgelegter Kapuze (wie in Nr 127) auf die Arbeit im Weingarten bis zu ihrer Beendigung am St. Urbanstag angespielt.

130. (Ldr. II 59 § 1) Als beiderseitiger Kündigungstermin zwischen Herrn und Zinsmann gilt Lichtmeß (2. Februar). Die Kündigung – hier seitens des Herrn – ist dadurch angedeutet, daß der Herr den Zinsmann aus dem Hause weist. Für »Lichtmeß« steht die Kerze.

128-130

131. (Ldr. III 47 § 2; 48 § 1) Linke Bildhälfte: Getötete oder verletzte Singvögel, Jagdvögel und Jagdhunde dürfen durch Tiere gleicher Art ersetzt werden. Der Ersatzpflichtige beschwört ihre Qualität. – Rechte Bildhälfte: Ein Stier, ein »eßbares Tier«, wird verletzt und ist mit dem halben Wergeld ohne Buße zu erstatten.

132. (Ldr. III 48 §§ 1 u. 2) Rechts wird das eßbare Tier getötet. Es ist mit dem vollen Wergelde zu bezahlen. – Links wird ein nicht eßbares Tier getötet. Es ist mit vollem Wergeld Schadensersatz zu leisten. Außerdem ist ein Bußgeld fällig.

133. (Ldr. II 62 § 1) Wer einen tückischen Hund, einen zahmen Wolf, einen Hirsch, Bären oder Affen hält, muß den Schaden, den sie anrichten, ersetzen. Rechts im Bild beschwören der Geschädigte als Kläger (Klägergebärde!) und zwei Zeugen, daß sich die Tiere zum Zeitpunkt der Schadensverursachung im Besitz des beklagten Tierhalters befanden.

131-133

134. (Ldr. II 62 § 2) Wenn jemand von einem Hund oder einem Zuchteber angegriffen wird und dabei das Tier erschlägt, dann geht er frei aus, muß aber die »Notwehr« (not werunge) beschwören.

135. (Ldr. II 62 § 3) Wer Wildtiere hält, muß sie einhegen.

136. (Ldr. II 56 § 1) Jedes Dorf, das am Wasser liegt, hat seinen Teil des Deiches instandzuhalten.

137. (Ldr. III 79 § 1) Bauern, die ein Doff auf Neuland (von wilder worczeln) anlegen, können von dem Grundherrn Erbzinsrecht verliehen bekommen. – Die Bauern zimmern und roden die »wilden Wurzeln«. Der Grundherr überreicht dem Bauernmeister die Urkunde über die Verleihung des Erbzinsrechtes. Man liest darauf die Worte: »Ego dei grā do«.

138. (Ldr. III 79 § 2) Kein Auswärtiger (uz wendic man) ist verpflichtet, sich in dem Dorf nach Dorfrecht zu verantworten. – In dem neuen Dorf, dargestellt durch die Kirche, wird vom Bauernmeister Gericht gehalten. Die vor ihm stehenden Bauern berufen sich auf ihr in der Urkunde des Grundherrn verbrieftes besonderes Dorfrecht. Der Auswärtige links wendet sich ab und gibt damit und mit dem »Unfähigkeitsgestus« zu verstehen, daß er die Antwort verweigert. Er ist als Wende gekleidet, in Anspielung auf den Ausdruck «uz wendic man«.

139. Marktkreuz zu Ldr. III 66 § 1.

137-139

III.
RECHTSHISTORISCHE ANMERKUNGEN

Nrn 1-3. Kaiser und Papst. Nachdem Eike am Anfang des Sachsenspiegels (Ldr. I 1) aus der sogenannten »Zwei-schwerterlehre« für Kaiser und Papst die Verpflichtung zur gegenseitigen Unterstützung bei der Erfüllung ihres göttlichen Auftrags, die Christenheit gegen ihre äußeren und inneren Feinde zu beschützen, hergeleitet hat, beruft er sich hierfür in Ldr. III 63 § 1 auf die »Konstantinische Schenkung«. Auf Grund eines Mißverständnisses liest er aus dem Constitutum Constantini, dessen Unechtheit in seinem Jahrhundert noch nicht erwiesen war, heraus, der Kaiser Konstantin habe dem Papst »zu dem geistlichen« auch das weltliche Gewette des unter Königsbann dingen-den Richters, das sind 60 Schilling, verliehen. Daraus zieht er den Schluß, weltlichem und geistlichem Gericht sei die Aufgabe geworden, einträchtig zusammenzuwirken (»uber ein zu tragen«) und einander gegenseitig zu unter-stützen. Der Gedanke wird in jener Zeit öfter ausgespro-chen, auch in der Dichtung. Wenige Jahre vor dem Sach-senspiegel vergleicht der junge Domherr des Patriarchen von Aquileja, Thomasin von Zerkläre, in seinem Lehrge-dicht »Der welsche Gast« »geistlich und werltlich gericht« mit zwei Fittichen des Rechts, ohne die es stets dem Un-recht unterliegen muß, und kurze Zeit nach Eike in der Endphase des Kampfes zwischen Friedrich II. und Inno-cenz IV., singt Reinmar von Zweter von den zwei Schwer-tern, die »stuol (Stola) und swert« heißen und nur einer einzigen Scheide bedürfen.

Das »uber ein tragen« des Sachsenspiegeltextes, die ein-mütige Wahrnehmung ihres Herrscheramtes, die auch in den Worten der Dichtung von den beiden Häuptern der Christenheit gefordert wird, ist dem Zeichner ebenfalls so wichtig, daß er es zum Thema eines eigenen, groß angeleg-ten Bildes macht. Übrigens mag er bei dessen Gestaltung wie Eike eine Anspielung auf das Constitutum Constan-tini im Sinne gehabt haben, als er Papst und Kaiser auf demselben, dem Abbild eines Königsthrones auf einem Siegel Adolfs von Nassau nachgeahmten Herrschersitz plazierte. Man wird dadurch an jene Stellen in der »Konstantinischen Schenkung« erinnert, an denen dem Papst die Anwendung von Stilformen weltlich-kaiserlicher Herrschaft zugestanden wird (imitatio imperii).

Nr 2. Translatio imperii. Wie die Zweischwerterlehre so gewinnt auch die Doktrin von der »translatio imperii« in den Kämpfen zwischen Kaisertum und Papsttum die Bedeutung eines oft angewendeten, gewichtigen Arguments, und wie bei jener so gibt es auch bei dieser Theorie eine spezifisch kuriale Version. Ihr zufolge soll der Papst aus freiem Willen mit der Kaiserkrönung Karls des Großen das Imperium Romanum zum Schutz der Kirche von den Griechen auf die Franken, später auf die Deutschen übertragen haben, woraus sich für ihn das Recht herleite, die Reichsgewalt jederzeit den Deutschen wieder abzunehmen und einem anderen Volk zu verleihen. Eike dagegen sieht den deutschen (römischen) König und Kaiser innerhalb der letzten Phase der translatio imperii als Nachfolger Julius Caesars.

Nr 3. Der Maler folgt dem Text des Rechtsbuches insofern, als er das schwerttragende Rom in dem Kaiser als Repräsentanten des Imperium Romanum verkörpert. Dem Papst indessen überreicht Petrus im Gegensatz zum Wortlaut von Ldr. III 44 § 1 kein Schwert, sondern den Schlüssel »des Himmelreichs« (Matth. 16, 19). Damit schließt sich der Maler der im Mittalter gleichfalls verbreiteten Anschauung an, daß nicht das »gladium mortis«, sondern die »clavis vitae« in die Hand des Papstes gehöre. So heißt es in einer Quelle, die nur wenig jünger ist als die älteste Bilderhandschrift des Sachsenspiegels: »Et Christus Dei filius, cuius papa vicarius est, iussit Petrum apostolorum principem gladium temporale reponere in vagina, ut cognosceret non esse sibi utendum eo gladio, et claves illi tradidit, non gladium.« (»Und Christus, Gottes Sohn, dessen Stellvertreter der Papst ist, befahl dem Apostelfürsten Petrus, das weltliche Schwert in die Scheide zu stecken, damit er begreife, daß er dies Schwert nicht führen dürfe, und er übergab ihm Schlüssel, nicht ein Schwert.«)

Nrn 4-6. In seiner Königswahllehre gibt Eike auch Regeln für das Wahlverfahren. Danach wird in einem ersten Akt die Person des künftigen Herrschers festgestellt. Dieses »irweln« ist Sache aller Reichsfürsten. Sodann erfolgt die »Kur«, die feierliche Ausrufung des Erwählten zum König. Bei diesem Vorgang treten sechs Fürsten, drei geistliche und drei weltliche, in den Vordergrund: Die Erzbischöfe von Trier, Mainz und Köln, der Pfalzgraf bei Rhein, der Herzog von Sachsen und der Markgraf von Brandenburg haben das Vorrecht, in der hier genannten Reihenfolge vor allen übrigen geistlichen und weltlichen Fürsten die Kur zu vollziehen. Dabei sind sie nach Eike an die von der Gesamtheit der Fürsten getroffene Wahl gebunden.

Der Spiegler bringt das Erstkurrecht der drei weltlichen Fürsten mit den von ihnen bekleideten, nachmals als »Erzämter« bezeichneten Hofämtern in Verbindung, die sie bei Krönungsfeierlichkeiten ausüben. Er sieht offenbar einen Kausalzusammenhang zwischen Erzamt und Erstkurrecht, wobei allerdings die Nationalität des Amtsträgers das entscheidende Moment ist. Deshalb verneint er das Kurrecht für den Schenken des Reichs, den König von Böhmen, mit der Begründung, er sei kein Deutscher (vgl. dazu Lnr 4 § 1).

Noch in Eikes Jahrhundert entwickelt sich aus den Inhabern des Erstkurrechts das Gremium der Alleinwähler des deutschen Königs, das Kurfürstenkollegium. Spätere Quellen binden die Kurwürde deutlicher als der Sachsenspiegel an die Erzämter. Der König von Böhmen gehört dem Kurkollegium an und ergänzt es zur Zahl von sieben

Mitgliedern, und in dieser Zusammensetzung geht es 1356 in die Goldene Bulle ein, in der Königswahl und Rechtsstellung der Kurfürsten ihre endgültige reichsgesetzliche Regelung erfahren.

Nr 7. Die den Erstwählern vom Sachsenspiegel zudiktierte Aufgabe, dem Papst »des kuniges redeliche kore« zu bezeugen, hat es in Wirklichkeit nie gegeben. Doch wird die vollzogene Königswahl – seit dem 12. Jahrhundert regelmäßig – vom Gewählten selber dem Papst angezeigt. Etwas anderes ist das seit Innocenz III. (1198-1216) zunächst bei Doppelwahlen, von Bonifaz VIII. (1294-1303) auch für einhellige Wahlen beanspruchte Wahlprüfungs- und -bestätigungsrecht (Approbationsanspruch des Papstes).

Nrn 8-21. Lehnswesen. Die Lehnsverfassung des mittelalterlichen Staates steht zu Eikes Zeit noch in höchster Blüte und beeinflußt nicht nur maßgebend den Gang der politischen Geschichte, sondern durchdringt und bestimmt auch das gesamte Kultur- und Geistesleben. In der Heerschildordnung (Nr 8) spiegelt sich der hierarchische Aufbau des Lehnssystems wieder. Der Heerschild, clipeus militaris, war ursprünglich ein Terminus der Wehrverfassung und hatte das Recht, Vasallen aufzubieten und zu befehligen, zum Inhalt. Als Gliederungsprinzip des Lehnsstaates gab es anfänglich nur drei Heerschilde, den des Königs, den der Fürsten und den der freien Herren. Eike nennt sieben Heerschilde, anknüpfend an eine wohl letzten Endes auf den Matthäus-Kommentar des von Eike zitierten Kirchenvaters Origines zurückgehende, im Mittelalter fortgebildete Lehre von sieben Weltaltern. Die erste dieser »Welten«, wie Eike sagt, begann bei Adam und dauerte wie jede der fünf nachfolgenden 1000 Jahre. Da die sechste Welt mit Christi Geburt begann, lebt Eike bereits in der siebenten, die das Weltende bringen soll und für die der Zeitraum von 1000 Jahren nicht gilt. Niemand weiß, wie lange sie bestehen wird. Ebenso weiß man auch vom siebenten Heerschild nicht, ob er Lehnrecht oder Heerschildrecht haben kann (Ldr. 1 3 §§ 1 u. 2). Die Stellung eines Lehnsträgers in der Rangordnung der Heerschilde wird beeinträchtigt, wenn er sich von einem Heerschildgenossen belehnen läßt; er »erniedrigt« damit seinen Heerschild, ohne daß davon jedoch seine Rechtsstellung nach Landrecht und seine ständische »ebenburt« berührt werden. Als lehnsfähig, »volkumen an deme Herschilde«, gilt, wer von Vater und Großvater her »von Ritters Art« ist.

Das Lehnsverhältnis hat eine dingliche und eine personenrechtliche Seite. Der Lehnsherr gewährt dem Lehnsmann ein »Lehen« (beneficium, feudum), zumeist Grundbesitz, zu grundsätzlich lebenslänglicher Nutzung. Das personenrechtliche Element in dieser Beziehung zwischen dem »Herrn« und dem »Mann« bildet die Vasallität, ein Dienst- und Treueverhältnis eigener Prägung. Dementsprechend ist die Belehnung ein zweiseitiger Akt, der von seiten des Lehnsempfängers das »hulde tun«, von seiten des Herrn die Investitur, die »lenunge«, erfordert. Das »hulde tun« des Mannes umfaßt die Mannschaft und den Treueid (hulde sweren) (Nrn 10-12). Auf der »Mannschaft« beruht die Dienstpflicht des Vasallen. Mit dem Hulde-Gelöbnis verspricht der Mann unter Eid, daß er dem Herrn so treu und »holt« (ergeben) sei, wie von Rechts wegen ein Mann seinem Herrn sein soll. Dieser Treueid ist zwar in eine positive Formel gekleidet, die damit übernommene Treuepflicht ist jedoch wesentlich negativ bestimmt als die Pflicht, alles zu unterlassen, was mit dem Grundgedanken des Lehnsverhältnisses unvereinbar ist oder dem Herrn schaden kann. Die in der Treue wurzelnden Pflichten entsprechen denen, die zwischen Blutsverwandten bestehen. Doch auch die Lehnstreue ist keine einseitige Pflichtenbindung. Der Vasall hat gegen den Herrn zwar keinen Anspruch auf einen Treueid, wohl aber auf Treue, die gleichfalls hauptsächlich in einer Unterlassungspflicht besteht: Der Herr soll dem Mann weder durch Rat noch durch Tat Schaden zufügen.

Reichsdienst ist entweder »Heerfahrt« oder »Hoffahrt« (Nrn 14-19). Die Heerfahrt ist der Waffendienst für das Reich. Der Mann dient regelmäßig nur »binnen deutscher Zunge«, wer östlich der Saale belehnt ist, nur gegen Wenden, Polen und Böhmen (Nr 16). Eine Besonderheit ist die Reichsheerfahrt zur Kaiserkrönung nach Rom, zu der das Aufgebot ein Jahr, sechs Wochen und drei Tage vor dem festgesetzten Termin erfolgen muß. Die Teilnahme an der Heerfahrt kann durch eine »Heersteuer« abgelöst werden, die den zehnten Teil der jährlichen Lehnseinkünfte ausmacht (Nr 18). Diese Ablösung muß erfolgen, wenn der Vasall Lehnsgüter von mehreren Herren besitzt; da er nur einem Herrn auf die Heerfahrt folgen kann, muß er die anderen mit der Heersteuer abfinden (Lnr. 46 § 2). Die Hoffahrt geht an den Hof des Königs, sobald dieser sie gebietet. Als Dienstpflicht umfaßt sie consilium et auxilium, Rat, höfischen Dienst und vornehmlich die Teilnahme des Vasallen am Lehnsgericht, um dem Herrn, der dort das Richteramt ausübt, als Urteilsfinder zu dienen (Lnr. 4 § 4).

Stirbt der Lehnsherr (Herrnfall) oder tritt aus anderen Gründen Herrnwechsel ein, so muß der Mann binnen Jahr und Tag bei dem neuen Herrn um Lehnserneuerung (Nrn 101, 129) nachsuchen. Beim Tode des Mannes (Mannfall) gilt das gleiche für seinen Lehnserben. Im zweiten Fall dient die Lehnserneuerung dazu, dem Erben die volle Lehnrechtsstellung zu verschaffen, im ersten Fall, den Lehnsbesitz des Mannes für die Zukunft zu sichern. Die Lehnserneuerung erfolgt in den Formen der Belehnung (vgl. Nrn 10-12).

Verlust des Lehens, Auflösung des Lehnsbandes tritt bei Verletzung der Treuepflicht und der Dienstpflicht des Mannes ein. Daneben gibt es noch zahlreiche andere

Gründe, so z. B. eine Straftat, durch die der Vasall rechtlos und damit auch lehnsunfähig wird, aber auch vertrags-
rechtliche Gründe, etwa die Auflassung des Gutes an den
Herrn oder das »Aufsagen« (untseggen) des Lehnsverhältnisses u. a. m. Der Herr kann ebenfalls den Anlaß zur
Beendigung des Lehnsverhältnisses geben, so wenn er seinen Heerschild erniedrigt oder dem Mann die Treue bricht
oder seinerseits dem Manne aufsagt (untseget).

Aus der Stelle Ldr. III 78 § 2 (Nr 21 links) liest die herr-
schende Lehre ein allgemeines, nicht auf Lehnsverhält-
nisse beschränktes Widerstandsrecht auch gegen den König selber heraus, der sogar abgesetzt werden kann, wenn
er das Recht, das auch über ihm waltet, verletzt. Als Beleg
für die Richtigkeit dieser Interpretation, die übrigens
mehrfach Widerspruch erfahren hat, ist auch unser Bild
gelegentlich genannt worden, mit Recht jedenfalls, soweit
die Auffassung des Malers vom Sinn dieser Stelle in Be-
tracht kommt.

Nrn 23-35. Friedensordnung. Neben dem Gedanken eines allgemeinen Friedens unter der Herrschaft des Rechts
(pax et ius) kennt der Sachsenspiegel verschiedene Sonderfrieden: Den Königsfrieden, einen aus den Landfrieden
übernommenen gesetzlichen Sonderfrieden für bestimmte
Personengruppen, Orte und Sachen (Nrn 25, 26, 31) sowie befriedete Zeiten (Nrn 27-30), ferner den gelobten
(geschworenen) Frieden, den »Handfrieden« (Nrn 33,
34), und schließlich den vom Richter gebotenen oder »gewirkten« Frieden.

Der Bruch eines Sonderfriedens wird mit Enthauptung bestraft, so in Nr 32, wo es sich allerdings um ein in jedem
Fall todeswürdiges Verbrechen handelt, und Nr 34, wo
die Ahndung eines gelobten Friedens gezeigt wird. Nicht
anders verhält es sich bei den gebotenen Frieden. Den
Friedensbrecher darf jeder ungestraft töten, der ihn auf frischer Tat antrifft (Nr 35).

Das »Gerüft« oder »Gerücht« (Nrn 36, 37, 39) ist ein Geschrei (»zeter«, »mordio«, »feurio« u. v. a. m.), mit dem in der Nähe befindliche Leute zu Hilfe gerufen oder die Dinggenossen aufgeboten werden, etwa bei gemeiner Gefahr oder gegen einen Verbrecher oder zu dessen Verfolgung. Alle Waffenfähigen sind folgepflichtig (Nr 37) mit Ausnahme bestimmter Personengruppen (Geistliche, Frauen, Hirten). Im Gerichtsverfahren hat das Gerüft rechtsförmliche Bedeutung: Wer es erhoben hat, der muß die Klage weiterführen, auch wenn er sonst darauf hätte verzichten können, denn »das Gerüft ist der Klage Beginn« (Ldr. I 62 § 1). Vor allem gehört es zur Klage bei »handhafter Tat«, d. h. wenn der Täter bei der Tat oder bei der anschließenden Verfolgung ergriffen wird (Ldr. II 35), wenn also die Tat noch »unvernachtet« ist. Demgemäß gehört das Gerüft zur Klage gegen einen Dieb, der mitsamt der Beute vor Gericht gebracht wird, zur Klage mit dem Toten und zur Notzuchtklage (Nr 36). Wer in anderen Fällen als denen der handhaften Tat mit Gerüft klagt, macht sich strafbar (Ldr. II 64 § 5).

Nach Jacob Grimm, Deutsche Rechtsaltertümer (Bd. 2[4] S. 191), herrscht im Mittelalter die allgemeine Regel, daß Frau oder Jungfrau, die die Notzuchtklage erheben, dies vor Gericht mit zerzaustem Haar und zerrissenen Kleidern tun sollen. Obwohl der Text Ldr. II 64 § 1 davon nichts sagt, zeigt das Bild Nr 36 die beiden weiblichen Gestalten in dieser Verfassung. Sie liefern damit dem Gericht den Augenscheinsbeweis (»blickender Schein«, »leibliche Beweisung«), der es dem Angeklagten in der Regel unmöglich macht, sich »der Tat zu entreden«, sich freizuschwören. Ebenso verhält es sich mit demjenigen, der mit dem auf den Rücken gebundenen Diebesgut vor Gericht gebracht wird, wie dasselbe Bild es zeigt. Die »Klage mit dem Toten Mann« gehört gleichfalls hierher. Außer Nr 36 spielt auch Bild Nr 44 darauf an. Der leiblichen Beweisung

(eines verfahrensrechtlichen Sachverhalts) dient es auch,
wenn der Bürge den Leichnam des vor dem Ladungstermin verstorbenen Beklagten vor Gericht bringt (Nr 42).
Aus der zu Nr 44 gehörenden Textstelle geht hervor, daß
der Tote nicht vor Beendigung des Verfahrens beerdigt
werden darf. Das führt später dazu, daß nur die abge-
trennte rechte Hand vor Gericht gebracht werden muß,
bis auch diese schließlich durch eine Nachbildung aus
Wachs ersetzt wird. Zum Thema »leibliche Beweisung«
gehört auch Bild Nr 77 und der Handschuh am Marktkreuz auf Nr 139.
Nrn 52-55 zeigen einige der Leibes- und Lebensstrafen des
Sachsenspiegels. Zur Enthauptung s. a. Nrn 32, 34 u. 56.
Der Katalog der Todesstrafen des Sachsenspiegels ist zu
vervollständigen durch die Erwähnung des Verbrennens
und des Räderns; an Leibesstrafen kommt noch das Ausschneiden der Zunge hinzu. Dem Dieb droht der Galgen.
Auf besonders schwere Missetaten wie Mord und Mord-
brand oder Raub an besonders befriedeten Orten oder Sachen (Pflug, Mühle, Kirche, Kirchhof, vgl. Nr 26) ist die
Strafe des Räderns gesetzt. Auf dem Scheiterhaufen stirbt,
wer der Zauberei, der Giftmischerei oder der Ketzerei für
schuldig befunden wird. Im übrigen werden todeswürdige
Delikte durch Enthaupten geahndet. Das Ausschneiden
der Zunge sowie das Abhauen der rechten Hand sind
»spiegelnde Strafen«: Der Täter verliert das Glied, mit
dem er die Missetat begangen hat. So wird mit dem Verlust
der Hand bestraft, wer einem anderen eine schwere Kör-
perverletzung zugefügt hat; die Zunge wird demjenigen
herausgeschnitten – nach dem Bilde in der Dresdener Bilderhandschrift mit einer Zwinge abgeklemmt –, der unbe-
rechtigt bei Königsbann Gericht hält. Auch die Strafen zu
Haut und Haar müssen nicht harmlos gewesen sein. So ist
über den Fronboten, der seinen Gerichtsdienst vernachlässigt, der sogenannte »Königsmalter« verhängt, d. h. er

erhält 32 Schläge mit einer etwa 90 cm langen grünen Gerte aus Eichenholz. Weit schlimmer ist, was man von der Methode, den Verurteilten seiner Haare zu berauben, erfährt: Das Bild (Nr 52) zeigt zwar die Anwendung der Schere, aber die Glosse zu Ldr. II 13 § 1 spricht davon, daß man das Haar »mit eime cloven«, einem gespaltenen Stock, aus dem Kopf winden soll.

Nrn 20, 56-60: Verfestung und Reichsacht. Was der Sachsenspiegel »Verfestung« nennt, ist eine örtlich beschränkte Acht; sie gilt nur im Bezirk des Gerichts, von dem sie verhängt wurde. Ihrem Wesen nach ist sie Strafe für eine Missetat oder Folge prozessualen Ungehorsams. Sie wird verhängt, wenn Klage wegen eines Verbrechens erhoben wurde, auf das die Todesstrafe oder der Verlust der rechten Hand gesetzt ist, und wenn der Beschuldigte trotz dreimaliger Ladung auch beim dritten Termin nicht erscheint. Bei handhafter Tat kann sie über den flüchtigen Täter sogleich ausgesprochen werden.

Der Verfestete darf in dem Bezirk des Gerichts, in dem er verfestet ist, nicht klagen, nicht Zeuge oder Vorsprecher sein. Vor Gericht braucht man ihm nicht zu antworten (Nr 58). Ihn schützen keine Friedenstage. Niemand darf ihn in seinem Hause aufnehmen, ihm Speise und Trank bieten (Nr 57). Wer dies absichtlich tut, den trifft die gleiche Strafe. Aber dieses Urteil hat zunächst nur provisorischen Charakter. Der Verfestete kann sich dem Gericht freiwillig stellen, kann sich »aus der Verfestung ziehen« und sich dem Kläger für ein Gerichtsverfahren stellen. Tut er dies nicht und wird er ergriffen und gefangen vor Gericht gebracht, so trifft ihn in jedem Falle die Todesstrafe (Nr 56), ganz gleich, welcher Art das Vergehen war, das zu seiner Verfestung geführt hat. Bestreitet der Beklagte die Verfestung, so kann der Kläger die »Setzung« beantragen: Nachdem durch Gerichtszeugnis seine Verfestung erwiesen worden ist, wird er auf den Boden gesetzt und der Kläger muß schwören, daß der Gesetzte der Tat schuldig ist, deretwegen er verfestet wurde. Nach dem Kläger schwören seine Zeugen, »sin eit si reine unde unmeine« (Nr 60).

»Die Acht ist nach Auffassung des Sachsenspiegels die Verfestung, die vom König, vom Reich ausgeht« (Planck 2 S. 310). Ihre Wirkung ist daher auf das ganze Reichsgebiet ausgedehnt. Im übrigen sind die Folgen der Acht im wesentlichen die gleichen wie die der Verfestung. Sie kann nur vom königlichen Hofgericht verhängt werden, so wenn ein Graf den König anruft, um die im Grafengericht ausgesprochene Verfestung in die Reichsacht zu überführen, um, wie es in Ldr. III 34 § 1 ausgedrückt ist, den Verfesteten »in die Acht zu bringen«. Dies wird in der zu Bild Nr 59 gehörenden Textstelle vorausgesetzt. Der König kann aber auch von sich aus mit der Acht strafen wie im Falle von Ldr. III 60 § 3, wozu das Bild Nr 63 gehört: Wenn die Vorführung der Gefangenen vor den König verweigert wird, so werden alle Insassen der Burg in die Acht getan. Sie kann auch ohne weiteres von Rechts wegen eintreten, so nach Ldr. II 71 § 2 für diejenigen, die das Waffenverbot bei geschworenem Frieden mißachten (Nr 33). Wie aus Ldr. III 63 § 2, dem Text zu Bild Nr 56, hervorgeht, kann auch der Kirchenbann zur Reichsacht gesteigert werden.

Die Lösung aus der Reichsacht ist im Sachsenspiegel ebenfalls vorgesehen. Bild Nr 59 ist die Illustration zu einem Rechtssatz, der das »Ausziehen« aus der Acht für den Fall regelt, daß ihr die Verfestung durch ein Grafengericht vorausging. Wo dies nicht der Fall ist, ist das Auslösungsverfahren einfacher: Der Geächtete braucht lediglich dem Hof sechs Wochen lang zu folgen und ist damit der Acht ledig.

Wer Jahr und Tag in der Acht gewesen ist, über den wird die Oberacht verhängt. Er wird rechtlos, verliert sein Lehen und sein Grundeigentum, seine Ehe wird aufgelöst, »eliche kindere en mag der unechte man sider nicht gewinnen«. Eine rechtsförmliche Lösung aus der Oberacht sieht der Sachsenspiegel nicht vor, gibt dem Ächter in Ldr. I 38 § 3 lediglich eine nicht sehr realistisch wirkende tatsächliche Chance, wenigstens sein Recht, wenn auch nicht sein Gut wiederzuerlangen: Wenn der Kaiser einen anderen König bekämpft, muß er vor des Kaisers Schar tjostieren (einen ritterlichen Zweikampf ausfechten).

Nr 62: Der König ist oberster Richter. Seine sachliche und örtliche Zuständigkeit im Reiche ist unbegrenzt. Wohin er kommt, fällt ihm ohne weiteres anstelle des sonst für das Gebiet oder den Ort zuständigen Richters das Richteramt zu (Nr 63). Ja, eigentlich ist er der einzige Richter »über Eigen und Lehen und über jedes Menschen Leben«, und nur, weil er selber nicht überall zur gleichen Zeit sein kann, hat er Gerichtsgewalt nach unten weiterverliehen (Ldr. III 52 § 2; Lnr. 69 § 8). Diese »Bannleihe« ist kein lehnrechtlicher, sondern ein staatsrechtlicher Akt; daher braucht der Beliehene nicht »Mannschaft«, sondern nur den richterlichen Amtseid zu leisten (Nr 67). Mit der Bannleihe wird der Blutbann übertragen, Grafengericht ist Hochgericht; es bildet wie im Sachsenspiegel so auch tatsächlich in jener Zeit die Regel.

Ein in den Bereich des Lehn- bzw. Hofrechts gehörendes Sondergericht ist zu der Entstehungszeit des Sachsenspiegels das Dorfgericht, das Nr 138 zeigt und in dem nach dem zugehörigen Text um Erbe, Gut oder Schuld geklagt werden kann. Es ist jedoch nicht, wie es nach dem Bilde scheinen könnte, das Gericht des Bauernmeisters wie in Ldr. II 13 §§ 1-3 (vgl. auch Ldr. III 86 § 1), sondern das des Grundherrn, der das Dorf auf Rodungsland angelegt hat und den Bild Nr 137 als rechtsetzende Gewalt zeigt.

Der Graf »dingt« (hält Gericht) unter Königsbann. Das Grafengericht ist besetzt mit dem Richter, dem Schultheißen, den Schöffen und dem Fronboten (Nr 74; vgl. auch Nr 68). Das echte Grafending findet dreimal im Jahr »zu rechter dingstat«, d. h. am herkömmlichen Ort, statt. Bevorzugte Gerichtsorte sind u. a. Plätze im Wald, unter Bäumen, besonders Linden und Eichen, auf Auen und Wiesen, auf Berg und Hügel. Die Gerichtsverhandlung wird vom Grafen geleitet. Er gibt das Urteil aus, das er zuvor von den Schöffen erfragt hat. An der Spitze der Urteilsfinder steht der Schultheiß, der dem eingesessenen Adel angehört. Ihn soll der Richter nach den ersten Urteilen fragen, die der feierlichen Eröffnung des Gerichts dienen: »ab ez dinges zit si unde ab her verbiten muze dingslete unde unlust« (ob es Dingzeit sei und ob er Dingstörung und Unruhe verbieten dürfe). Der Schultheiß führt auch den Vorsitz im echten Ding, wenn jemand gegen den gräflichen Richter selber wegen Rechtsverweigerung klagen will. Er kann den anwesenden Grafen im Vorsitz vertreten. Der Fronbote, der vom Richter und den Schöffen aus dem Stande der Pfleghaften auf Lebenszeit gewählt wird, muß dem König Hulde leisten »nach vries mannes rechte«. Er lädt die Parteien, hat für den Gerichtsfrieden zu sorgen und ist im übrigen vor allem Vollstreckungsorgan.

Das Verfahren wird von äußerst streng gehandhabten Formen beherrscht. Etwas davon lassen Bild Nr 68 und der zugehörige Text erkennen. Eike selber wendet sich, doch ohne Erfolg, dagegen, daß an den Richter Gewette zahlen müsse, wer sich vor Gericht schneuze, wer spucke, gähne, huste oder niese, Fliegen, Mücken, Bremsen abwehre. Ebenso unerbittlich wird auch auf die Beobachtung sonstiger Formen und Formeln geachtet. Werden sie von einer Partei bei ihrem Vortrag zur Sache verletzt, etwa durch falsche Formulierung, bloßes Versprechen, gelegentliches Stottern, so kann das dem Prozeß eine ungewollte Wendung geben oder gar zum Unterliegen führen.

Rücksichtslos wird nach dem Grundsatz: »Ein Mann, ein Wort« verfahren. Deshalb tut jede Partei gut daran, sich einen Fürsprecher zu nehmen, dessen Wort nicht gilt, wenn sich der Vertretene nicht dazu bekennt (Nr 73). Daß Frauen nicht Fürsprecher sein dürfen, begründet Eike historisch mit einer Episode aus der Geschichte des altrömischen Gerichtsverfahrens (Nr 72).

Auf Antrag der Parteien fragt der Richter einen Schöffen um das Urteil. Nachdem dieser es »gefunden« hat, stellt der Richter an die im Gericht Versammelten die Frage, ob sie das Urteil für rechtgemäß halten und ihm »folgen«, es »vulborden«, ihm ihre Zustimmung geben wollen; ist sie erfolgt, so gebietet der Richter, das Urteil zu erfüllen. Versagt jemand die »vulbort«, so muß er auf Geheiß des Richters ein anderes Urteil finden, über das dann die Mehrheit entscheidet. Etwas anderes ist die Urteilsschelte (Nr 70). Sie enthält neben der Ablehnung der »vulbort« zugleich den beleidigenden Vorwurf gegen den Finder, er habe ein unrechtes Urteil gefunden. Der Schelter, der dem Urteilsfinder ebenbürtig sein muß, hat die Schelte stehend (»stende sal man orteil schelden sitzende sal manz vinden«) mit den Worten vorzubringen (Ldr II 12 § 11):

> »daz orteil, daz der man gevunden hat,
> daz ist unrecht, daz schelde ich unde
> zie michz da ich mirz zu rechte zin sal.«

Mit der Schelte ist somit die Erklärung verbunden, der Schelter wolle das gescholtene Urteil vor einen anderen, den höheren, Richter bringen (»zin«).

An Beweismitteln kommen außer der leiblichen Beweisung vor: Das Gerichtszeugnis (Nrn 60 u. 76), bei dem der Richter und die Urteilsfinder die Richtigkeit einer Parteibehauptung auf Grund einer früher vom Gericht beobachteten, weil vor gehegtem Gericht geschehenen, Tatsache bezeugen. Das Gerichtszeugnis ist ebenso unwiderleglich wie die leibliche Beweisung. Wichtigstes Beweismittel ist der Eid ohne oder mit – in der Regel 6 oder 2 – Zeugen. Er wird unter Berührung eines Reliquienkästchens (uffe den heiligen) geleistet (z. B. Nrn 35, 57, 60, 61 und öfter). Ferner kennt das Mittelalter, kennt auch der Sachsenspiegel noch eine Gruppe von Beweismitteln, deren Ursprünge in einer sehr fernen Vergangenheit liegen, durch deren verchristlichtes Ritual noch vielfach uralte, aus magischen und mythischen Vorstellungen erwachsene Formen hindurchschimmern, die sogenannten Gottesurteile (Ordalien). Im Sachsenspiegel kommen vor: Der gerichtliche Zweikampf, das Kaltwasserordal, der Kesselfang und die Eisenprobe. Am häufigsten ist vom Zweikampf die Rede. Die Herausforderung dazu heißt der »kämpfliche Gruß«, der darin besteht, daß der Herausforderer den Gegner vorn am Halsausschnitt seines Rockes faßt (wie derjenige, der einen anderen in die Leibeigenschaft übernimmt: Bild Nr 92). Wie der Kämpfer gerüstet sein muß, sagt Ldr. I 63 § 4: Er kann Leder und Leinzeug anziehen, soviel er will. Haupt und Füße sind vorne entblößt. An den Händen darf er nur dünne Handschuhe anhaben. Über das Kleid muß er einen Rock ohne Ärmel ziehen. An Waffen sind ihm erlaubt: ein bloßes Schwert in der Hand, ein oder zwei weitere am Gürtel und ein runder Schild aus Holz und Leder, nach Belieben auch mit einem eisernen Buckel versehen (Nrn 62, 65, 95). Der Kläger soll zuerst auf den Kampfplatz kommen. Wenn der Beklagte mit seinem Erscheinen zu lange zögert, soll der Kläger drei Stiche gegen den Wind tun. Dann gilt der Gegner als überwunden.

Auf Bild Nr 78 ist das Kaltwasserordal mit allen seinen wesentlichen Elementen dargestellt. Der Proband liegt in einer mit Wasser gefüllten Bütte und wird an einem um den Leib gebundenen Strick gehalten, doch so, daß er auch untersinken kann. Er ist, im Gegensatz zu manchen überlieferten Vorschriften für das Ordal, nicht gebunden. Ein

Priester, dessen Anwesenheit regelmäßig zu dem Ritual gehört, steht hinter der Bütte. Ob Untersinken oder Obenschwimmen zugunsten des Beweisführers gilt, ist zu verschiedenen Zeiten und an verschiedenen Orten ungleich beurteilt worden.

Über die Eisenprobe sagt der Sachsenspiegel nichts weiter, als daß der Proband das glühende Eisen zu tragen hat, über den »Kesselfang« nur, daß er bis zum Ellenbogen »in einen wallenden Kessel« greifen muß. Gewertet werden diese Ordalien meist so, daß Unschuld oder Schuld des Probanden nach einigen Tagen aus der Heilung oder Verschlimmerung der Brandwunden abgelesen werden.

Nrn 79-96. Von entscheidender Bedeutung für die Rechtsstellung des einzelnen ist der Stand, dem er angehört. Angehörige desselben Standes sind einander »ebenbürtig«. Ebenbürtigkeit ist die Voraussetzung für volle Gleichberechtigung im Verhältnis zueinander. Der einem höheren Stande zugehörige ist »besser«, wer aus niedrigerem Stande kommt, ist »schlechter geboren«. Ebenbürtigkeit ist erforderlich im Erbrecht, zur Vormundschaft, zum gerichtlichen Zweikampf, im Lehnrecht (Nr 101). Die Frau höheren Standes ist für die Dauer der Ehe Standesgenossin ihres schlechter geborenen Mannes (Nr 93), »die Kinder folgten der ärgeren Hand«. Auch Buße und Wergeld sind nach dem Stande festgesetzt. Obenan in der Ständeordnung des Sachsenspiegels stehen die Reichsfürsten, die ihr Lehen unmittelbar vom König erhalten haben, und zwar mit dem Lehnssymbol des Szepters, wenn sie geistliche Fürsten sind, mit der Fahne als Laienfürsten (Nr 9). Es folgen die freien Herren, sodann die schöffenbarfreien Leute, die mindestens drei Hufen Grundeigentum haben müssen und im Grafengericht das erbliche Schöffenamt bekleiden (Nrn 62, 80 – Bildsymbol: Nr 93). Freie Bauern mit Eigengütern bis zu drei Hufen, die an den Grafen Abgaben zu leisten haben, sind die »Pfleghaften« oder »Biergelden« (Nr 81, 93), freie Bauern auf fremdem Grund und Boden die »Landsassen«, »die kommen und gehen in Gastes Weise und haben kein Eigengrundstück im Lande« (Nr 83). Einen weiteren Stand bilden die halbfreien »Laten«, hörige Bauern, die von ihrem Grundherrn Land zur Leihe erhalten und dafür zu Abgaben verpflichtet sind. Sie sind an die Scholle gebunden (Nr 82). Unfrei sind die Dienstmannen (Ministerialen), deren Recht Eike nach seinen eigenen Worten nicht darstellen kann, weil es zu verschieden ist (Nr 85). Einiges davon findet sich im Sachsenspiegel aber doch: Die Herren können ihre Dienstmannen vor Gericht austauschen (Ldr. I 52 § 1); die Kinder von Dienstmannen verbleiben in diesem Stande (Ldr. I 16 § 2; III 73 § 2). Der Dienstmannen Grundeigentum und Erbe bleibt in der Gewalt ihres Herrn (Nr 108). Vor dem königlichen Hofgericht können Reichsdienstmannen wie freie Leute Zeugen und Urteilsfinder sein. Während die Ministerialen sich im 13. Jahrhundert längst im sozialen Aufstieg befinden und schließlich die Freiheit erlangen, bleiben im Stande der Unfreiheit die Leibeigenen und die »dagewarchten«, nicht angesiedelte Landarbeiter (Nrn 82, 83 links). Leibeigen ist man entweder von Geburt oder durch Ergebung in die Leibeigenschaft vor Gericht (Nr 92).

Eine Reihe eigener Rechtsbestimmungen enthält der Sachsenspiegel für die Juden. Für sie gilt wie für die Geistlichen, für Frauen und Mädchen ein königlicher Sonderfriede, der ihr Vermögen und ihr Leben schützt und sich auf alle Tage erstreckt (Nr 25). Deshalb dürfen sie keine Waffen führen (Nr 31). Ein an ihnen von einem Christen begangenes Verbrechen wird als Bruch eines königlichen Sonderfriedens, d. h. als qualifiziertes Delikt behandelt (Nr 32), es sei denn, der Jude habe gegen das Waffenverbot verstoßen. Begeht umgekehrt der Jude an einem Christen ein Verbrechen, so ist die gewöhnliche Strafe darauf gesetzt (Ldr. III 7 § 2). Ein erhöhtes Risiko geht der Jude ein, wenn er christliche Kultgegenstände kauft oder zum Pfand nimmt. Hat er dafür keinen Gewährsmann, dann wird er als Dieb gerichtet (Nr 53). Andererseits ist er, wenn es sich um andere Dinge handelt, gegen Vermögenseinbuße selbst dann geschützt, wenn die Sachen gestohlen sind. Voraussetzung dafür ist allerdings, daß er sie »unverholen und unverstolen« bei Tageslicht und nicht hinter verschlossenen Türen gekauft hat und dafür Zeugen besitzt. Kann er keine Zeugen beibringen, dann verliert er das Geld, das er dafür gezahlt hat (Ldr. III 7 § 4). Außerdem ist der Jude bei der Veräußerung von Sachen von der Gewährschaftspflicht gegenüber dem Christen frei, sofern er die Gewährschaft nicht freiwillig übernimmt (Ldr. III 7 § 1).

Nrn 79-81, 83, 94-96. Der Stand, dem ein Mensch zugehört, bestimmt auch die Höhe von Buße und Wergeld, die er zu beanspruchen hat. Beides sind Geldleistungen, die vom Richter verhängt werden und als Sühnegeld für den Verletzten dienen. Die Buße ist in Eikes Text reine Kränkungsbuße, die gegebenenfalls neben den Schadensersatz tritt. Das Wergeld (= Manngeld) ist ursprünglich Sühne für die Tötung eines freien Mannes. Im Sachsenspiegel wird es nur noch für die absichtslose oder in Notwehr begangene Tötung eines Menschen angedroht. Außerdem ist es bei Körperverletzungen Bemessungsgrundlage für den Schadensersatz, der je nach dem verletzten Körperteil in Wergeldbruchteilen festgesetzt ist (Ldr. II 16 §§ 5, 6). Frauen haben das halbe Wergeld ihrer Männer, unverheiratete Frauen die Hälfte des den Männern ihres Standes zustehenden Wergeldes.

Nrn 66 u. 104. Mit Buße und Wergeld steht das Gewette in Zusammenhang. Es ist ein Strafgeld, das dem Richter wegen prozessualer Ordnungswidrigkeiten und außerdem immer dann zu zahlen ist, wenn einer Prozeßpartei Buße zugesprochen wird. Das Gewette bemißt sich nach der

Stellung des Richters. Der höchste Betrag kommt dem König zu. Am Ende der Skala steht der Bauernmeister in richterlicher Funktion, der 6 Pfennige erhält und gelegentlich als Ablösung einer von ihm verhängten Strafe zu Haut und Haar drei Schillinge, »daz iz der gebure gemeine zu trinkene« (zum Vertrinken): Ldr. III 64 § 11 in Verb. mit Ldr. II 13 §§ 1, 2.

Die ständische Abstufung der Bußen endet mit den Scheinbußen in Ldr. III 45 §§ 8, 9 (Nrn 83 links, 94-96 links) in der Absurdität. Uns, die wir uns zur Unantastbarkeit der Würde des Menschen bekennen, erscheinen sie als Spottbußen, als reiner erniedrigender Zynismus. Indessen: »Es liegt ein Maß von Unbefangenheit in der Hartherzigkeit jener Zeiten, das uns die Verurteilung auf den Lippen ersterben läßt« (J. Huizinga, Herbst des Mittelalters). Dürfen wir es als Zeichen dafür werten, daß Eike in der menschlichen Reife seiner Persönlichkeit den Zeitgenossen weit voraus war, wenn wir feststellen, daß ihm jene Unbefangenheit in der Verhöhnung der vom Schicksal Vernachlässigten bereits abhanden gekommen ist? Wie anders wäre es zu verstehen, wenn er den Scheinbußen eine zweckrationale Rechtfertigung zu geben versucht (Ldr. III 45 § 10): »Rechtloser Leute Buße bringt wenig Nutzen, ist aber dennoch festgesetzt, damit der Buße das Gewette des Richters folgen kann« (vgl. Ldr. I 53 § 1).

Nrn 84-91. Zu leidenschaftlichem Widerspruch hingegen läßt sich Eike durch eine andere gesellschaftliche Institution seiner Zeit herausfordern, durch die Unfreiheit. Dienstmannenrecht, so sagt er einleitend, lasse sich wegen seiner Zersplitterung nicht darstellen (Nr 85). Als gesetztes Recht ist es überdies jung, denn »als man zum ersten Mal Recht setzte, da gab es keinen Dienstmann«. Eike aber will in seinem Buch das Recht aufzeichnen, das die guten Vorfahren »von aldere«, von altersher, überliefert haben (Reimvorrede Vers 151 ff.). Gleichfalls »von aldere« besteht zwar auch Unfreiheit, jedoch nicht als Recht, sondern als ein widerrechtlicher tatsächlicher Zustand, den man jetzt allerdings als Recht angesehen wissen will (Ldr. III 42 § 6).

Es ist etwas von Kampfstimmung in diesem Artikel 42 des dritten Landrechtsbuches. So wichtig nimmt Eike sein Anliegen, daß er bei der Erörterung der Frage nach dem Ursprung der Unfreiheit auch auf die Methode große Sorgfalt verwendet. Er will nicht nur mit inhaltlich unwiderlegbaren Argumenten überzeugen, er will auch mit der äußeren Form seiner Beweisführung ein unanfechtbares Ergebnis herbeiführen. So handelt er sein Thema in einer sehr exakt aufgebauten »Quaestio« ab, wie sie seit dem 12. Jahrhundert in der Theologie herausgebildet und auch im kanonischen Recht zur rationalen Entscheidung umstrittener Fragen angewendet wurde. Die Beherrschung dieser scholastisch-theologischen und kanonistischen Argumentationsmethode wirft, nebenher bemerkt, ein Schlaglicht auf Eikes geistige Schulung.

Nr 97. Auch nach dem Sachsenspiegel beginnt, wie im heutigen deutschen Recht (§ 1 BGB), die Rechtsfähigkeit des Menschen mit seiner Geburt, doch ist der Erwerb von Rechten an Lebensäußerungen des Kindes gebunden, die von Zeugen wahrgenommen werden können, wie das Beschreien der Wände (s. a. Ldr. I 33).

Nrn 98 u. 100. Die Scheidung einer rechtsgültig geschlossenen und vollzogenen Ehe ist zu Eikes Zeit nicht mehr möglich. Die Kirche hatte aber gleichzeitig mit ihren Bestrebungen um die Durchsetzung des kanonischen Grundsatzes der Unauflösbarkeit der Ehe ein System von Ehehindernissen entwickelt, deren wichtigster Teil, die »impedimenta dirimentia«, die trennenden Ehehindernisse, zur Nichtigkeit einer Ehe führten. Wo der Sachsenspiegel von »Scheidung« spricht, da handelt es sich also in Wirklichkeit um die Nichtigkeitserklärung auf Grund eines trennenden Ehehindernisses. Der Auflösungsakt ist Sache der Kirche, nicht eines weltlichen Gerichts. Daher nimmt auf den Bildern immer ein Geistlicher die Trennung vor.

Nr 99. Die Bilderhandschriften des Sachsenspiegels bieten wichtige Zeugnisse für die Bekanntschaft des Mittelalters mit der Sitte der Ringgabe bei Verlobung und Heirat. Wenn der Ehering vom Maler ganz allgemein als Symbol der Eheschließung verwendet wird, so ist dies ein starkes Indiz dafür, daß die Ringgabe mindestens seit Ende des 13. Jahrhunderts jedenfalls im Entstehungsgebiet des Urtyps der Bilderhandschriften ein allenthalben bekannter Brauch war.

Nrn 100, 104 u. 106. Die Gerade ist ein Bestandteil des Frauenvermögens, der im ehelichen Güterrecht und vor allem im Erbgang eine Sonderstellung einnimmt. Sie besteht aus beweglichem Gut. Der Sachsenspiegel gibt Ldr. I 24 § 3 einen Katalog der dazu gehörenden Dinge, darunter Betten und Bettzeug, Frauenkleider, Schmuck und andere Gegenstände des persönlichen Gebrauchs. Als »Witwengerade« bleibt sie beim Tode des Mannes Eigentum der überlebenden Frau, bei deren Tod sie im Gegensatz zum sonstigen Erbgut als »Niftelgerade« an ihre nächste Verwandte geht (Nr 106). Wie beim Tode des Mannes so verbleibt die Gerade auch bei der Eheauflösung der Frau (Nr 100).

Das Heergewäte (Nr 104) ist Sondervermögen des Mannes, im Sachsenspiegel nur des ritterbürtigen Mannes. Es besteht aus dem Schwert, dem besten gesattelten Pferd und dem besten Harnisch, also neben ein paar sonstigen Dingen des täglichen Bedarfs in der Hauptsache aus der ritterlichen Kriegsrüstung. Im Erbgang fällt es den Söhnen zu oder dem nächsten Verwandten väterlicherseits (Schwertmag).

Das Leibgedinge (Nr 100) ist ein lebenslängliches Nutzungsrecht am Grundstück, das der Mann seiner Frau als Witwenversorgung einräumt.

Nr 118 links. Die sessio triduana ist ein in sehr alte Zeit zurückgehender Bestandteil der Übertragung des Eigentums an Grundstücken. Sie ist mit feierlichen symbolischen Handlungen verbunden, etwa der Entzündung des Herdfeuers, das vom Veräußerer bei der Räumung des Grundstückes gelöscht worden war, durch den Erwerber, die Aufstellung eines Tisches und die Bewirtung von Gästen. Mit dieser dreitägigen »Besitzung« wird die Eigentumsübertragung besonders deutlich kundbar gemacht.

Nrn 118 rechts, 119. Die »Gewährschaft« (werschaft, gewere, f.) ist die Pflicht des Veräußerers, den Erwerber gegenüber Dritten, die Rechte an der erworbenen Sache geltend machen, abzuschirmen. Dem Gewährsmann (gewere, m.) wird die Sache zu diesem Zweck zu treuhänderischem Besitz überlassen und er tritt damit in den Prozeß ein, um den Angriff des Klägers gegen den Erwerber abzuwehren (vgl. Ldr. III 83 § 3).

Die »Auflassung«, die rechtsförmliche Eigentumsübertragung, ist nach dem Sachsenspiegel bereits ein gerichtlicher Akt (Ldr. I 52), der die hohe Beweiskraft eines Gerichtszeugnisses hat. Wenn trotzdem eine zeitlich begrenzte Gewährschaft erforderlich ist (Ldr. III 83 § 2 = Nr 118 rechts), so deshalb, weil nach der gerichtlichen Auflassung noch für Jahr und Tag einem etwa vorhandenen besser Berechtigten die Möglichkeit des Einspruchs gegeben ist. Ist dieser Zeitraum ohne gerichtliche Anfechtung verstrichen, dann wird die bis dahin bestehende Auflassungsgewere (gewere = Besitz) für den Erwerber zur »rechten gewere«, zum unanfechtbaren Besitz.

Nrn 125 u. 126. Ldr. II 54, wohin diese Bilder gehören, enthält das Recht des gemeinen Dorfhirten. Einen eigenen Hirten dürfen nur Bauern halten, die mindestens drei Hufen zu Eigen oder Lehen haben, denn jeder Hirt, der einem

Bauern allein dient, schmälert dem gemeinen Hirten den Lohn. Kein Bauer darf sich weigern, sein Vieh dem gemeinen Hirten in die Hut zu geben. Im übrigen enthält der Artikel differenzierte Haftungsbestimmungen für den Dorfhirten, in denen für den Fall, daß ihm anvertraute Tiere einen Schaden erleiden, die Ersatzpflicht und die Exkulpationsmöglichkeiten des Hirten geregelt sind.

Nrn 127-129. Die hier aufgestellten Regeln über den Fruchterwerb beruhen auf dem Grundsatz, daß die Früchte demjenigen zustehen, der die zu ihrer Erzeugung erforderlichen Arbeiten und Aufwendungen geleistet hat: »Wer sät, der mäht.« Die Arbeiten müssen zum Abschluß gebracht sein, daher die leeren Arbeitskutten auf zweien der Bilder (Nrn 127/2 und 129). Was für die natürlichen Früchte gilt, wendet der Sachsenspiegel auch auf die Zivilfrüchte (Zins und Pflege, Zehnten) an.

Nr 129 bezieht sich auf den Lehnerben. Dem Herrn kommen die Einkünfte des Gutes zu, solange die Lehnserneuerung wegen der Unmündigkeit des Erben, des »Kindes«, genauer: weil es seine »Jahrzahl« noch nicht erreicht hat, nicht vorgenommen werden kann. Die »Jahrzahl« ist die gewöhnliche Wartefrist für das »Sinnen«, d. i. die Bitte des Lehnerben an den Herrn um Lehnserneuerung. Diese Frist, die verstreichen muß, ehe die »Sinnung« erfolgen darf, beträgt »Jahr und Tag«, also zwölf Monate und sechs Wochen. Sie ruht jedoch, solange das Kind »binnen sinen jahren« (unmündig) ist, d. h. bis zur Vollendung des zwölften Lebensjahres. »Sine iarzal« im Sinne des dem Bild Nr 129 zugrundeliegenden Textes erreicht das Kind demnach mit 13 Jahren und 6 Wochen (Lnr. 26 § 1). Nach Lnr. 26 § 3 kann der Lehnerbe den Eintritt der Mündigkeit durch seinen Eineid, wie Nr 129 es zeigt, beweisen, wenn der Herr Zweifel äußert.

Nr 139. Wahrzeichen der Marktgerechtigkeit und des Marktfriedens ist das Marktkreuz, häufig mit des Königs

Handschuh geschmückt. Der Handschuh auf unserem Bild ist durch Ldr. II 26 § 4 veranlaßt, wo es heißt, der König solle, wenn ein Markt vorschriftsmäßig errichtet werde, von Rechts wegen seinen Handschuh dazu senden, »zu einer bewisunge, daz ez sin wille si«. Der Wille des Königs wird hier somit durch leibliche Beweisung bezeugt.

LITERATUR
ABKÜRZUNGEN
REGISTER

LITERATUR

Ausgaben und Übersetzungen des Sachsenspiegels.

Sachsenspiegel. Landrecht. Hrsg. von Karl August Eckhardt. (2. Bearb.)
Göttingen, Berlin, Frankfurt 1955. (Germanenrechte. N.F. Land- und
Lehnrechtsbücher.) – Sachsenspiegel. Lehnrecht. Hrsg. von Karl August
Eckhardt. (2. Bearb.) Berlin, Frankfurt 1956. (Germanenrechte. N.F.
Land- und Lehnrechtsbücher.) – Das Landrecht des Sachsenspiegels.
Hrsg. von Karl August Eckhardt. Göttingen, Berlin, Frankfurt 1955.
(Germanenrechte. Texte und Übersetzungen. Bd. 14.) – Das Lehnrecht
des Sachsenspiegels. Hrsg. von Karl August Eckhardt. Göttingen, Ber-
lin, Frankfurt 1956. (Germanenrechte. Texte und Übersetzungen. Bd.
15.) – Sachsenspiegel. (Landrecht.) Hrsg. von Claudius Freiherr von
Schwerin. Eingel. von Hans Thieme. Stuttgart 1974. (Reclams Univer-
sal-Bibliothek Nr 3355/56.) – Sachsenspiegel. Hrsg. von Karl August
Eckhardt. 5: Landrecht in hochdeutscher Übertragung. Hannover 1967.
(Germanenrechte. N.F. Land- und Lehnrechtsbücher.)

Die Bilderhandschriften des Sachsenspiegels.

Die Dresdener Bilderhandschrift des Sachsenspiegels. Hrsg. von Karl
von Amira. Bd. 1. 2, 1.2. Leipzig 1902-26. 1. Facsimileband. 1902. 2: Erläuterungen. T. 1.2. 1925-26. – Die Heidelberger Bilderhandschrift des
Sachsenspiegels. Faksimileausgabe des Cod. Pal. Germ. 164 der Universitätsbibliothek Heidelberg. Mit einem Kommentarband von Walter Koschorreck. Frankfurt a. M. 1970. – Teutsche Denkmäler. Hrsg. u. erklärt
von Batt, v. Babo, Eitenbenz, Mone und Weber. Lfg. 1: Bilder zum
Sächsischen Landrecht und Lehnrecht. Heidelberg 1820. – Der Sachsenspiegel. Bilder aus der Heidelberger Handschrift. Eingeleitet und erläutert von Eberhard Freiherrn von Kuenßberg. Leipzig 1934. – Amira,
Karl von: Die Genealogie der Bilderhandschriften des Sachsenspiegels.
In: Abhandlungen d. Kgl. bayer. Akad. d. Wissensch. 1. Kl. Bd. 22,
Abt. 2. München 1902. S. 325-385. – Ders.: Die Handgebärden in den
Bilderhandschriften des Sachsenspiegels. In: Abhandlungen d. Kgl.
bayer. Akad. d. Wissensch. 1. Kl. Bd 23, Abt. 2. München 1905. S.
161-263. – Kötzschke, Rudolf: Die Heimat der mittelalterlichen Bilder-
handschriften des Sachsenspiegels. Leipzig 1943. (Berichte über d. Ver-
handlungen d. Sächs. Akad. d. Wissensch. zu Leipzig. Philolog.-histor.
Kl. Bd 95.) – Kopp, Ulrich Friedrich: Bilder und Schriften der Vorzeit.
Mannheim 1819.

Sonstiges.

Kisch, Guido: Sachsenspiegel-Bibliographie. In: ZRG. Germ. Abt. Bd 90 (1973). S. 73-100. – Buchda, Gerhard: Der Hirtenschutt. In: Festschrift für Rudolf Hübner zum 70. Geburtstag. Jena 1935. S. 218-230. – Buchner, Max: Kaiser- und Königsmacher, Hauptwähler und Kurfürsten. In: Historisches Jahrbuch 55 (1935). S. 182-223. Auch: Darmstadt 1967. (Libelli Bd 197). – Carlen, Louis: Das Recht der Hirten. Innsbruck 1970. (Veröffentlichungen d. Univ. Innsbruck 64: Studien zur Rechts-, Wirtschafts- und Kulturgeschichte. 7.) – Conrad, Hermann: Deutsche Rechtsgeschichte. Bd 1: Frühzeit und Mittelalter. 2. Aufl. Karlsruhe 1962. – Ders.: Rechtsordnung und Friedensidee im Mittelalter und in der beginnenden Neuzeit. In: Christlicher Friede und Weltfriede. Hrsg. von Alexander Hollerbach und Hans Meier. 1971. (Görresgesellschaft zur Pflege d. Wissenschaft, N.F. Heft 8.) – Eckert, Christian: Der Fronbote im Mittelalter nach dem Sachsenspiegel und den verwandten Rechtsquellen. Leipzig 1897. – Goez, Werner: Translatio imperii. Tübingen 1958. – Handwörterbuch zur deutschen Rechtsgeschichte. Hrsg. von Adalbert Erler und Ekkehard Kaufmann. Bd 1 ff. Berlin 1971 ff. – His, Rudolf: Das Strafrecht des deutschen Mittelalters. T. 1. Leipzig 1920. T. 2. Weimar 1935. – Kern, Fritz: Gottesgnadentum und Widerstandsrecht im frühen Mittelalter. Hrsg. v. R. Buchner. 2. Aufl. Münster, Köln 1954. – Kolb, Herbert: Über den Ursprung der Unfreiheit. Eine Quaestio im Sachsenspiegel. In: ZfdA 103 (1974) S. 289-311. – Kroeschell, Karl: Deutsche Rechtsgeschichte 1 (bis 1250). Reinbek 1972. (rororo studium 8.) – Laufs, Adolf: Rechtsentwicklungen in Deutschland. Berlin, New York 1973. – Lintzel, Martin: Die Entstehung des Kurfürstenkollegs. Berlin 1952. (Berichte über d. Verh. d. Sächs. Akademie d. Wissensch. zu Leipzig. Philolog.-hist. Kl. Bd 99.) Auch: Darmstadt 1967. (Libelli. Bd 200) – Mitteis, Heinrich: Die deutsche Königswahl. 2. Aufl. Brünn, München, Wien 1944. – Ders.: Lehnrecht und Staatsgewalt. Weimar 1958. – Ders.: Der Staat des hohen Mittelalters. 8. Aufl. Weimar 1968. – Planck, J. W.: Das deutsche Gerichtsverfahren im Mittelalter. Bd 1.2. Braunschweig 1879. – Schmidt, Roderich: Aetates mundi. In: Zeitschrift für Kirchengeschichte. Folge 4 Bd 5 (1955/56) S. 288-317. – Siegel, Heinrich: Die Gefahr vor Gericht und im Rechtsgang. In: Sitzungsberichte d. philos.-hist. Kl. d. kais. Akademie d. Wissensch. 51 (1865). Wien 1866. S. 120 ff.

ABKÜRZUNGEN

Ldr.   Landrecht des Sachsenspiegels
Lnr.   Lehnrecht des Sachsenspiegels
RLdr.   Richtsteig Landrechts
ZfdA   Zeitschrift für deutsches Altertum und deutsche Literatur
ZRG   Zeitschrift der Savigny-Stiftung für Rechtsgeschichte.
Germ. Abt. Germanistische Abteilung.

REGISTER

In gerader Schrift sind die Bildnummern, in *Kursivschrift* die Seitenzahlen gesetzt.

Abel 86

Abort 121

Acht *141*

Äbtissin 9, 85

Ähren (Grundstückssymbol) 11,
    81, 102 ff., 108, 118 f.; *14 f.*

Affe 133

Auflassung *152*

Augenscheinbeweis s. leibliche
    Beweisung

Backofen 121

Badequaste 49

Badestube 49

Bär 133

Bann 56

Bannforsten 24

Bannleihe 67; *142*

Bartholomäus, Hl. 127

Bauern 20, 43, 81 ff., 122 ff.,
    137 f.; *25*

Bauernmeister 124, 137, 138; *25,
    142, 149*

Behalten *17*

Beil 51, 54 f., 122, 137

Belehnung 9-13, 117, 129; *19*
    Ablehnung der – *20*
    Zurückweisung der – 10, 101

Beschreien der Wände 97

Biergelde 81, 93; *146*

Biergelte s. Schöpfkübel

Bischof s. Fürsten, geistliche

blickender Schein s. Leibliche
    Beweisung

Brief und Siegel 14, 59, 137 f.

Buch 53, 85

Burg 37 ff., 41, 63

Buße *146*

Calefornia 72

Christus 27, 28, 84, 90

Dachtraufe 120

Dagewarchten 82, 83 l.; *147*

Damm 136

Dienstmannen 85; *147*

Dorf 136 ff.

Dorfgericht 138; *142*

Eber 134

Ehehindernisse *150*

Ehering 99; *19, 151*

Eheschließung 93, 99

Ehetrennung 98, 100; *150*

Eid *145*

Eierkorb 127

Erbe 102-108

Erbteilung 105

Erlösung 84

Erschaffung des Menschen 28, 84

Erstkurrecht *133*

Erzämter 5; *133*

Erzbischöfe 4, 29, 85

Esau 87

Fahnlehen 9, 10, 19

Fahrhabe 107, 119

Farben der Gewänder *13 f.*

Fisch 23, 64; *26*
Fleischzehnt 127
Franke 64, 69; *25*
Freiherren *146*
Friede 25, 34; *137, 147*
Fronbote 74; *25, 143*
Fruchterwerb *153*
Fürsprecher 71, 73; *144*
Fürsten, weltliche 5, 6, 7, 9, 10,
    14, 79, 80; *24*
–, geistliche 4, 6, 7, 9, 85

Gänsezehnt 127
Galgen 53
Gebäude s. Haus
Gedinge (Bildsymbol) 11; *16*
Geisteskranker 50
Gefängnis 89
Geistliche 7, 13, 25, 29, 31, 56, 66,
    78, 93 f., 98, 100, 109; *147*
Geld 18 f., 22, 51, 66, 79 ff., 83,
    90, 99, 104, 112, 114, 116,
    123 f., 126 ff.
Gerade 100, 104; *151*
Gerichtsverfahren *143*
Gerichtszeugnis 60, 76; *144, 152*
Gerüft 36, 37; *138*
Geschwister 103
Getreide 107, 127
Gewährschaft 118 r., 119; *148*
Gewette *131, 148*
Gott 23, 28, 30, 84, 88, 89
Gottesurteil 78; *145*
Graf s. Richter

Hagar 87
Hahn 55, 127
Ham (Sohn Noahs) 86

Handgebärden *17, 19*
Handschuh 68, 139
Hase 23, 24, 135
Haus 12, 55, 57, 89, 100, 112, 117,
    130
Hausungsverbot 57
Heerfahrt *14, 136*
Heergewäte 104; *151*
Heerschild 8; *134 f.*
Heersteuer 18; *136*
Herr 91, 92, 99, 115 f., 130, 137
Herrnfall *136*
Heuwagen 94
Himmelfahrt Christi 27
Hirsch 23 f., 133, 135
Hirt 125; *152 f.*
Hoffahrt *136*
Hopfen 122
Hulde schwören 12; *135*
Hund 55, 131, 133 f.

imitatio imperii *132*
Isaac 87
Ismael 87

Jahrzahl *153*
Jakob 87
Japhet (Sohn Noahs) 86
Juden 25, 31 f., 53, 89; *27, 147 f.*
Julius Cäsar *132*

Kämpfer 62, 65, 95; *145*
Kain 86
Kaiser s. König
Kaltwasserordal 78; *145*
Kam s. Ham
Kerze 130
Kirche 13, 26, 138

Klage mit dem Toten 36, 44; *138*
König 1 ff., 9, 14 ff., 19, 22, 24 f.,
   67, 90; *24*
–, als Richter 21, 59, 63 ff., 72;
   142, 149
Königsbann *131, 142*
Königsfrieden 25, 26, 31
Königswahl 4-6; *133 f.*
Kommendation s. Mannschaft
   leisten
Konstantin (Kaiser) *131*
Konstantinische Schenkung *131*
Kornzehnt 127
Kreuzestod Christi 28, 84
Kurfürsten 4, 5, 7; *133 f.*

Lämmerzehnt 127
Landsasse 83; *147*
Late 82; *147*
Lehnserbe 101, 129; *136, 153*
Lehnserneuerung 101, 129; *136,*
   153
Lehnsgericht 12, 73
Lehnsherr 10, 11, 12, 13, 15, 20,
   101, 117, 129
Lehnswesen *134*
Leibeigenschaft *147*
   s. a. Unfreiheit
Leibesstrafen *139*
Leibgedinge *151*
Leibliche Beweisung *138, 154*
Lichtmeß 130
Lilie (Friedenssymbol) 25, 34

Maibaum 127
Mannfall *136*
Mannschaft leisten 10 f., 117, 129;
   135

Margareta, Hl. 127
Marktkreuz 139; *153*
Mistgabel 83, 111
Mühle 26, 128
Münzen s. Geld
Münzstätte 22, 128

Noah 86
Notzucht 36, 96; *138*

Oberacht *141 f.*
Ochse s. Rind
Ordal 78; *145*
Origines (Kirchenvater) *134*

Papst 1, 3, 7
Petrus (Apostel) 3; *132 f.*
Pferd 31, 33, 41, 107, 109, 113,
   116, 119
Pferdestall 109, 113, 116
Pflege 127
Pfleghafte *143, 146*
Pflug 26, 123
Priesterweihe 29

Quaestio *150*

Rechtsfähigkeit *150*
Rechtssymbolik *18*
Reh 23 f., 135
Reichsacht, Reichsächter 20, 58 f.;
   15, 140 f.
Reichsdienst 14-19; *136*
Reichsfürsten *146*
Reichsstadt s. Stadt
Reinmar von Zweter *131*
Reliquiar 12, 35, 57, 59 ff., 73, 76,
   78, 110, 113 ff., 125, 129,

133 f.; *145*
Richter 21, 32, 35 f., 38, 41 f.,
    44 f., 53, 56 ff., 60 ff., 66, 68,
    70 f., 74 ff., 104, 111, 119,
    133 f.; *24, 142*
– im Lehnsgericht 12, 73
– s. a. König
Rind 48, 94, 107, 119, 125, 127,
    131 f.
Rodehacke 39, 137
Rodung 137
Romfahrt *136*

Sachs 54, 64, 69
Sachse 54, 64, 69; *25*
Schaftruhe 17
Scheidung s. Ehetrennung
Scheinbußen 83 l., 94, 95, 96 l.;
    149
Schere 52, 96, 100, 104
Schermesser 49
Schiff 86, 93
Schlüssel 3; *132*
Schöffen 68, 70, 74, 76; *25, 143*
schöffenbarfrei 93; *146*
Schöpfkübel 81, 93
Schuldknechtschaft 111; *19*
Schultheiß 74, 114; *25, 142*
Schwaben 64; *26*
Schwein 121
Schweinekoben 121
Sem (Sohn Noahs) 86
sessio triduana 118 l.; *152*
Setzung 60, 61; *19*
Sichel 47
Sinnung *153*
Spaten 43, 44, 123
Spielmann 95 r.

Spitzhacke 38
Spottbußen s. Scheinbußen
Stadt 22
Stände *146*
Strafen
    Hängen 53
    Enthaupten 32, 34, 56
    Handabhauen 54
    Haarabschneiden u. Stäupen 52
Strafunmündigkeit
    Tor 50
    Kind 51
Szepterlehen 9

Teufel 56, 84, 127
Thomasin von Zerkläre *131*
Thüringer 64; *26*
Todesstrafen *139*
Tor (Narr) 50
Toter
    – vor Gericht 36, 42, 44
    Beerdigung unter Zeugen 43
traditio per ostium 117; *19*
translatio imperii 2 f.; *132*
Treueid *135*

Überhang 122
Unfreiheit *149*
    Ursprung 91
    Ergebung in – 92
Urteil 69; *144*
Urteilsschelte 70; *19, 144*

Verfesteter, Verfestung 20, 56, 57,
    58, 60; *15, 140*
Viehstall 48
Vogel 23, 131
Vorsprecher s. Fürsprecher

Weinstock 127-129
Weltalter *134*
Weltgericht 30
Wenden 69, 71, 99, 138; *27*
Wergeld *146*
Widerstandsrecht 21 l.; *137*
Wiege 97
Wolf 133
Würfelspiel 115
Wurzeln, wilde 137

Zahltisch 19, 127
Zaun 120, 122, 135
Zeitangaben 15-18, 74, 75, 88, 89, 118; *16*
Ziege 107, 119, 125 ff.
Zins 127
Zinsgroschen 90
Zinsmann 130
Zweig 10, 82, 101, 118; *19*
Zweischwerterlehre *131*

Lnr. 1 8
Lnr. 3 12
Lnr. 4 § 1 15-17
Lnr. 4 § 2 7
Lnr. 4 § 3 18
Lnr. 5 § 1 11
Lnr. 19 § 1 73
Lnr. 20 § 1 97
Lnr. 20 § 3 101
Lnr. 20 § 5 10
Lnr. 23 § 1 20
Lnr. 23 § 3 13

Ldr. II 20 § 1 103
Ldr. II 21 § 5 117
Ldr. II 49 §§ 1, 2 120
Ldr. II 51 § 1 121
Ldr. II 52 §§ 1, 2 122
Ldr. II 54 § 5 125, 126
Ldr. II 56 § 1 136
Ldr. II 58 § 2 127, 128
Ldr. II 58 § 3 129
Ldr. II 59 § 1 130
Ldr. II 61 § 1 23
Ldr. II 61 § 2 24
Ldr. II 62 § 1 133
Ldr. II 62 § 2 134
Ldr. II 62 § 3 135
Ldr. II 63 § 1 72
Ldr. II 64 §§ 1-3 36
Ldr. II 65 § 1 51
Ldr. II 66 § 1 25, 26
Ldr. II 66 § 2 27-30
Ldr. II 68 47
Ldr. II 69 35
Ldr. II 71 § 2 33
Ldr. II 71 § 3 37

Ldr. III 1 § 1 55
Ldr. III 2 31
Ldr. III 3 50, 52
Ldr. III 5 § 3 113
Ldr. III 5 § 5 77
Ldr. III 6 § 1 115
Ldr. III 6 § 3 116
Ldr. III 7 § 3 32
Ldr. III 7 § 4 53
Ldr. III 9 § 2 34
Ldr. III 10 § 1 42
Ldr. III 15 § 2 104
Ldr. III 16 § 3 58
Ldr. III 21 § 1 78
Ldr. III 23 57
Ldr. III 25 § 1 76
Ldr. III 26 § 1 62
Ldr. III 27 98
Ldr. III 29 § 2 105
Ldr. III 32 § 7 92
Ldr. III 33 § 1,2 64
Ldr. III 33 §§ 3-5 65
Ldr. III 34 § 1 59
Ldr. III 37 § 3 48
Ldr. III 38 § 5 106
Ldr. III 39 § 1 111
Ldr. III 40 § 2 109
Ldr. III 41 § 1 110
Ldr. III 42 § 1 84
Ldr. III 42 § 2 85
Ldr. III 42 § 3 86, 87
Ldr. III 42 § 4 88, 89
Ldr. III 42 § 5 90
Ldr. III 42 § 6 91
Ldr. III 44 § 1 2,3
Ldr. III 44 § 3 82
Ldr. III 45 § 1 79, 80
Ldr. III 45 §§ 4, 5 81

Ldr. III 45 § 6	83
Ldr. III 45 § 9	94-96
Ldr. III 46 § 1	96
Ldr. III 46 § 2	45
Ldr. III 47 § 2	131
Ldr. III 48 § 1	131, 132
Ldr. III 48 § 2	132
Ldr. III 50	54
Ldr. III 57 § 2	4-6
Ldr. III 60 § 1	9
Ldr. III 60 § 2	22
Ldr. III 60 § 3	63
Ldr. III 61 § 1	74
Ldr. III 61 § 4	75
Ldr. III 63 § 1	1
Ldr. III 63 §§ 2, 3	56
Ldr. III 64 § 1	14
Ldr. III 64 § 2	19
Ldr. III 64 § 5	67
Ldr. III 66 § 1	139
Ldr. III 66 § 3	40
Ldr. III 66 § 4	41
Ldr. III 68 § 1	38
Ldr. III 68 § 2	39
Ldr. III 69 § 1	68
Ldr. III 69 § 2	69
Ldr. III 69 § 3	70
Ldr. III 71 § 1	71
Ldr. III 72	102
Ldr. III 73 § 1	93
Ldr. III 73 § 3	99
Ldr. III 74	100
Ldr. III 76 § 2	107
Ldr. III 78 §§ 1, 2	21
Ldr. III 78 § 7	46
Ldr. III 79 § 1	137
Ldr. III 79 § 2	138
Ldr. III 81 § 2	108
Ldr. III 83 §§ 1, 2	118
Ldr. III 83 § 3	119
Ldr. III 85 § 3	114
Ldr. III 86 § 1	123
Ldr. III 86 § 2	124
Ldr. III 87 § 1	66
Ldr. III 88 § 3	60
Ldr. III 88 § 4	61
Ldr III 89	49
Ldr. III 90 § 1	43
Ldr. III 90 § 2	44
Ldr. III 90 § 3	112

INHALT

Vorwort

7

I. Über das Rechtsbuch, seine Bilderhandschriften
und seine Bilder

9

II. Die Bilder mit Erläuterungen

31

III. Rechtshistorische Anmerkungen

129

Anhang
Literatur, Abkürzungen, Register

155

insel taschenbücher

Alphabetisches Verzeichnis

Aladin und die Wunderlampe it 199
Ali Baba und die vierzig Räuber it 163
Allerleirauh it 115
Alte und neue Lieder it 59
Andersen: Märchen (3 Bände in Kassette) it 133
Lou Andreas-Salomé: Lebensrückblick it 54
Apulejus: Der goldene Esel it 146
Arnim/Brentano: Des Knaben Wunderhorn it 85
Arnold: Das Steuermännlein it 105
Aus der Traumküche des Windsor McCay it 193
Bakunins Beichte it 29
Balzac: Das Mädchen mit den Goldaugen it 60
Baudelaire: Blumen des Bösen it 120
Beaumarchais: Figaros Hochzeit it 228
Berg. Leben und Werk im Bild it 194
Bierce: Mein Lieblingsmord it 39
Blake: Lieder der Unschuld it 116
Die Blümchen des heiligen Franziskus von Assisi it 48
Boccaccio: Das Dekameron (2 Bände) it 7/it 8
Brandys: Maria Walewska, Napoleons große Liebe it 24
Brentano: Gockel Hinkel Gackeleia it 47
Brontë: Die Sturmhöhe it 141
Büchner: Der Hessische Landbote it 51
Busch: Kritisch-Allzukritisches it 52
Campe: Bilder Abeze it 135
Carroll: Alice hinter den Spiegeln it 97
Carroll: Alice im Wunderland it 42
Carroll: Briefe an kleine Mädchen it 172
Cervantes: Don Quixote (3 Bände) it 109
Chamisso: Peter Schlemihls wundersame
   Geschichte it 27
Claudius: Wandsbecker Bote it 130
Dante: Die Göttliche Komödie (2 Bände) it 94
Daudet: Tartarin von Tarascon it 84
Defoe: Robinson Crusoe it 41
Denkspiele it 76
Die Erzählungen aus den Tausendundein Nächten
   (12 Bände in Kassette) it 224
Die großen Detektive it 101
Diderot: Die Nonne it 31
Eichendorff: Aus dem Leben eines Taugenichts it 202
Eisherz und Edeljaspis it 123

Fabeln und Lieder der Aufklärung   it 208
Der Familienschatz   it 34
Ein Fisch mit Namen Fasch   it 222
Flaubert: Ein schlichtes Herz   it 110
Fontane: Der Stechlin   it 152
Fontane: Effi Briest   it 138
le Fort. Leben und Werk im Bild   it 195
Caspar David Friedrich: Auge und Landschaft   it 62
Manuel Gassers Köchel-Verzeichnis   it 96
Das Geburtstagsbuch   it 155
Geschichten der Liebe aus 1001 Nächten   it 38
Gespräche mit Marx und Engels (2 Bände)   it 19/20
Goethe: Dichtung und Wahrheit (3 Bände in Kassette)
   it 149/it 150/it 151
Goethe: Die Leiden des jungen Werther   it 25
Goethe: Die Wahlverwandtschaften   it 1
Goethe: Faust (1. Teil)   it 50
Goethe: Faust (2. Teil)   it 100
Goethe: Hermann und Dorothea   it 225
Goethe: Italienische Reise   it 175
Goethe: Maximen und Reflexionen   it 200
Goethe: Reineke Fuchs   it 125
Goethe: Tagebuch der italienischen Reise 1786   it 176
Goethe: West-östlicher Divan   it 75
Grandville: Bilder aus dem Staats- und Familienleben
   der Tiere (2 Bände)   it 214
Hauff-Märchen (2 Bände in Kassette)   it 216/it 217
Hebel: Kalendergeschichten   it 17
Heine: Aus den Memoiren des Herren
   von Schnabelewopski   it 189
Heine: Buch der Lieder   it 33
Heras: Am Anfang war das Huhn   it 185
Hesse: Dank an Goethe   it 129
Hesse: Geschichten aus dem Mittelalter   it 161
Hesse: Hermann Lauscher   it 206
Hesse: Kindheit des Zauberers   it 67
Hesse: Leben und Werk im Bild   it 36
Hesse: Piktors Verwandlungen   it 122
Hillmann: ABC-Geschichten von Adam bis Zufall   it 99
E. T. A. Hoffmann: Kater Murr   it 168
Hölderlin-Chronik   it 83
Hölderlin: Dokumente seines Lebens   it 221
Homer: Ilias   it 153
Ricarda Huch: Der Dreißigjährige Krieg (2 Bände)   it 22/23
Jacobsen: Niels Lyhne   it 44

Kant-Brevier   it 61
Kaschnitz: Eisbären   it 4
Kästner: Die Lerchenschule   it 57
Kästner: Die Stundentrommel
    vom heiligen Berg Athos   it 56
Kästner: Griechische Inseln   it 118
Kästner: Kreta   it 117
Kästner: Ölberge, Weinberge   it 55
Zum Kinderbuch   it 92
Kinderheimat   it 111
Kinder- und Hausmärchen gesammelt durch
    die Brüder Grimm (3 Bände in Kassette)
    it 112/it 113/it 114
Kleist: Der zerbrochene Krug   it 171
Klingemann: Nachtwachen von Bonaventura   it 89
Klinger: Leben und Werk in Daten und Bildern   it 204
Konfuzius: Materialien zu einer Jahrhundert-
    Debatte   it 87
Kropotkin: Memorien eines Revolutionärs   it 21
Laclos: Schlimme Liebschaften   it 12
Das große Lalula   it 91
Das Buch der Liebe   it 82
Liebe Mutter   it 230 ⎫ (in Kassette)
Lieber Vater   it 231 ⎭
Lichtenberg: Aphorismen   it 165
Linné: Lappländische Reise   it 102
Longus: Daphnis und Chloë   it 136
Lorca: Die dramatischen Dichtungen   it 3
Der Löwe und die Maus   it 187
Majakowski: Werke I it 16 Werke II it 53 Werke III it 79
Marc Aurel: Wege zu sich selbst   it 190
Märchen deutscher Dichter   it 13
Maupassant: Pariser Abenteuer   it 106
Mäusegeschichten   it 173
Michelangelo: Handzeichnungen und
    Dichtungen   it 147
Michelangelo. Leben und Werk   it 148
Minnesinger   it 88
Mirabeau: Der gelüftete Vorhang   it 32
Montaigne: Essays   it 220
Mordillo: Das Giraffenbuch   it 37
Mordillo: Das Giraffenbuch 2   it 71
Mordillo: Träumereien   it 108
Morgenstern: Alle Galgenlieder   it 6
Mörike: Die Historie von der schönen Lau   it 72

Mozart: Briefe   it 128
Musäus: Rübezahl   it 73
Mutter Gans   it 28
Die Nibelungen   it 14
Nietzsche: Also sprach Zarathustra   it 145
Novalis. Dokumente seines Lebens   it 178
Orbeliani: Die Weisheit der Lüge   it 81
Orbis Pictus   it 9
Oskis Erfindungen   it 227
Ovid: Ars Amatoria   it 164
Paul: Des Luftschiffers Gianozzo Seebuch   it 144
Petzet: Das Bildnis des Dichters   it 198
Phaïcon 1   it 69
Phaïcon 2   it 154
Pocci: Kindereien   it 215
Polaris 1   it 30
Polaris 2   it 74
Polaris 3   it 134
Pöppig: In der Nähe des ewigen Schnees   it 166
Potocki: Die Handschrift von
    Saragossa (2 Bände)   it 139
Rabelais: Gargantua und Pantagruel (2 Bände)   it 77
Die Räuber vom Liang Schan Moor (2 Bände)   it 191
Reden und Gleichnisse des Tschuang Tse   it 205
Rilke: Ausgesetzt auf den Bergen des Herzens   it 98
Rilke: Das Buch der Bilder   it 26
Rilke: Duineser Elegien / Die Sonette an Orpheus   it 80
Rilke: Geschichten vom lieben Gott   it 43
Rilke: Neue Gedichte   it 49
Rilke: Das Stunden-Buch   it 2
Rilke: Wladimir, der Wolkenmaler   it 68
Rilke. Leben und Werk im Bild   it 35
Scheerbart: Rakkóx der Billionär   it 196
Schiller: Der Geisterseher   it 212
Schlote: Das Elefantenbuch   it 78
Schlote: Fenstergeschichten   it 103
Schmögner: Das Drachenbuch   it 10
Schmögner: Ein Gruß an Dich   it 232
Schmögner: Das unendliche Buch   it 40
Schopenhauer: Aphorismen zur Lebensweisheit   it 223
Schumacher: Ein Gang durch den
    Grünen Heinrich   it 184
Schwab: Sagen des klassischen Altertums
    (3 Bände in Kassette)   it 127
Scott: Im Auftrag des Königs   it 188

Shakespeare: Sonette   it 132
Shaw-Brevier   it 159
Sindbad der Seefahrer   it 90
Sonne, Mond und Sterne   it 170
Sophokles: Antigone   it 70
Sophokles: König Ödipus   it 15
Stendhal: Rot und Schwarz   it 213
Stendhal: Über die Liebe   it 124
Stevenson: Die Schatzinsel   it 65
Storm: Am Kamin   it 143
Swift: Ein bescheidener Vorschlag . . .   it 131
Swift: Gullivers Reisen   it 58
Tillier: Mein Onkel Benjamin   it 219
Toepffer: Komische Bilderromane (2 Bände in
   Kassette)   it 137
Tolstoj: Die großen Erzählungen   it 18
Tolstoj: Kindheit, Knabenalter, Jünglingsjahre   it 203
Tschechow: Die Dame mit dem Hündchen   it 174
Turgenjew: Väter und Söhne   it 64
Der Turm der fegenden Wolken   it 162
Twain: Huckleberry Finns Abenteuer   it 126
Twain: Tom Sawyers Abenteuer   it 93
Voltaire: Candide   it 11
Voltaire: Sämtliche Romane
   und Erzählungen (2 Bände)   it 209/it 210
Voltaire: Zadig   it 121
Wagner: Ausgewählte Schriften   it 66
Walser: Fritz Kochers Aufsätze   it 63
Das Weihnachtsbuch   it 46
Das Weihnachtsbuch der Lieder   it 157
Das Weihnachtsbuch für Kinder   it 156
Wilde: Die Erzählungen und Märchen   it 5
Wilde: Salome   it 107
Wilde. Leben und Werk   it 158
Zimmer: Yoga und Buddhismus   it 45